A vida de

MOISÉS

Coleção
O MUNDO DO GRAAL

A vida de

MOISÉS

Texto extraído do livro "Aspectos do Antigo Egito"

ORDEM DO GRAAL NA TERRA

Título original em língua alemã
Moses

Traduzido sob responsabilidade da
ORDEM DO GRAAL NA TERRA
Rua Sete de Setembro, 29.200
06845-000 – Embu das Artes – SP – Brasil
www.graal.org.br

1ª Edição: 2003
2ª Edição: 2016

Dados Internacionais de Catalogação na Publicação (CIP)
(Câmara Brasileira do Livro, SP, Brasil)

A vida de Moisés / [traduzido sob responsabilidade da Ordem do Graal na Terra]. – 2ª ed. – Embu das Artes, SP : Ordem do Graal na Terra, 2016. – (Coleção O Mundo do Graal. Mestres do Oriente)

ISBN 978-85-7279-074-1

1. Espiritualidade   2. Filosofia de vida   3. Moisés (Líder bíblico)
I. Série.

15-10916   CDD-222.12092

Índices para catálogo sistemático:
1. Moisés : Êxodo : Líder bíblico : Biografia 222.12092

Impresso no Brasil em papel certificado,
produzido a partir de fontes responsáveis

DESCERRAM-SE OS OLHOS DO VIDENTE. VIDA SURGE-LHE PELA FRENTE, VIDA QUE INDELEVELMENTE SE GRAVARA NO GRANDE LIVRO DA CRIAÇÃO.

ABATE-SE O JUÍZO SOBRE O EGITO

Israel encontrava-se sob a tirania de um mais poderoso. Na escravidão, o povo sofria uma existência indigna de seres humanos. O sol causticante, qual hálito infernal a mortificar os corpos ressequidos dos milhares que trabalhavam nos campos, era apenas parte dos tormentos que aquele povo sofria no trabalho árduo e forçado; além disso, o chicote do feitor flagelava sem dó as costas desnudas e encurvadas.

O sibilar do chicote era o único som que alcançava os filhos de Israel, resignados e embrutecidos, enquanto davam andamento ao serviço. O chicote, que fazia moribundos estremecerem, que sabia martirizar todos os que não se apressassem, era senhor absoluto de Israel. E tão cega quanto ele, era a mão que segurava esse simples instrumento.

Um homem havia, porém, que corporificava em si o Egito tão bem conhecido de Israel. Cruel, impiedoso e inexorável! Esse homem era o faraó! O rebaixamento de Israel à escravidão expressava sua vontade. Queria aniquilar aos poucos aquele povo, pois ocupava demasiado lugar! Obrigava os israelitas a coabitarem em ambientes restritos, míseras cabanas que encurralavam as pessoas em promiscuidade e ar viciado. Ali deviam sufocar-se, mas elas resistiam. Os homens eram obrigados a trabalhos forçados, sempre com o chicote a maltratá-los. Inúmeros morriam, abatidos pelo jugo insuportável; a maioria, porém, era persistente. Israel multiplicava-se ameaçadoramente, tornando-se um crescente perigo para o faraó. Amadureceu então na mente daquele homem um novo flagelo: a execução de todos os recém-nascidos do sexo masculino!

Depois, seu zelo de exterminar aquele povo amainou um pouco. Todavia, seus obedientes executores levavam a ordem adiante. Invadiam as cabanas dos escravos; com fria determinação arrancavam das mães os filhos, que pela primeira vez estavam sendo levados ao peito, e trucidavam-nos. Os gritos não transpunham os limites do bairro israelita. Por ninguém eram ouvidos, muito menos pelo faraó, que habitava seu palácio, usufruindo em paz os frutos da riqueza e do poder. A ele nunca havia interessado a vida daquele povo que oprimia sem conhecer. Para ele, Israel era um numeroso agrupamento em expansão que se tornaria mais numeroso que seu próprio povo, pondo em perigo a supremacia egípcia, se não fosse reprimido. Tencionava impedir isso. Poderia expulsar os israelitas do país! A medida parecera-lhe imprudente; o trabalho dos infelizes era fator preponderante no enriquecimento da nação! Enquanto conseguisse subjugar o povo de Israel, o produto desse trabalho seria bem-vindo ao país.

O faraó nunca aludia a semelhantes questões quando estava em companhia de hóspedes; eram assuntos demasiado triviais em seu entender. Acontecesse de alguém dirigir a conversa nesse sentido, ele, em poucas palavras, dava vazão a seu aborrecimento, silenciando o interlocutor. Apenas com a filha, uma menina de uns doze anos, de quem gostava muito, o faraó falava sobre aquele povo intruso que precisava ser mantido sob severa vigilância. Julgava necessário alertar desde cedo a menina para sua futura incumbência; Juricheo estava destinada a ser soberana do Egito.

Quando a menina, já agora, conseguia rebatê-lo, o faraó demonstrava alegria pela precocidade. A mão dele apreciava deslizar sobre o cabelo negro da filha; aprazia-lhe ver a graça juvenil com que ela se apresentava. Admirava a segurança com que Juricheo escolhia as joias que lhe completariam o traje. Não sabia se opor a um desejo da parte dela. O amor da filha era a única coisa que embelezava sua vida. Todos os seus tesouros destinava a Juricheo. Ele nem pensava que essa filha se tornava a razão principal de sua avidez por riquezas. Mesmo o filho homem, que como primogênito tinha pleno direito ao trono, era obrigado a retroceder ante Juricheo. Para cada agradecimento que os claros olhos dela dispensavam ao pai, milhares de israelitas tinham de sofrer. Ele tudo esquecia quando seu ídolo sorria.

Juricheo não se dava conta da miséria que indiretamente causava. Inteiramente infantil e pura, todavia já começava a desabrochar. Os olhos apresentavam frequentemente aquele ar cismador de quem busca e não compreende a si mesma. Quando percorria os aposentos do palácio, com passos leves e cadenciados, os adornos retinindo suavemente, a seda da vestimenta num ruge-ruge misterioso, ela se esquecia de si própria. Parecia como se flutuasse sobre o solo, desligando-se de tudo, pondo-se em contato com um acontecimento relevante, o qual estendia os braços para ela, procurando alcançá-la em vão.

Sorria quando voltava à realidade. Com um gesto enérgico afastava de si o embaraço. Nessas ocasiões mandava vir, geralmente, a montaria preferida, distraindo-se então em alegre cavalgada.

RECOSTADA sobre peles, no seu local favorito, Juricheo ouvia as cantigas entoadas pelas servas. Estava deitada, imóvel, de olhos fechados. Parecia dormir. As escravas, acocoradas em semicírculo, tocavam e cantavam as melodias da pátria distante. Melodias repassadas de saudades...

De repente, Juricheo ergueu o braço com veemência tal, que os braceletes retiniram. Levantou-se num ímpeto. As servas acompanharam-lhe os gestos e submissas aguardaram as ordens de Juricheo. Ela bateu palmas com visível impaciência:

— Tragam a liteira! Quero banhar-me!

Silenciosas, as servas esgueiraram-se, retornando em seguida. Trouxeram alguns véus com os quais encobriram a cabeça da princesa. Célere, a jovem cruzou pelos amplos aposentos, sempre seguida pelas escravas; desceu escadarias, percorreu pátios de pisos de mármore com fontes construídas de pedras multicores e estátuas adornadas de ouro, sempre rumando em direção ao pórtico principal. Aguardava, ali, uma preciosa liteira carregada por quatro escravos musculosos. A luz do sol refletia nas pedras preciosas, engastadas em ouro na liteira, num brilho sem igual. Estofados purpúreos e almofadas, traspassados por fios de ouro, cobriam o assento.

Tão logo Juricheo se acomodou na liteira, o que aconteceu rapidamente, uma escrava soltou as pesadas cortinas para evitar olhares indiscretos. Os carregadores ergueram a preciosa carga; com passos sincronizados percorreram as ruas rumo ao Nilo.

O povo arredava-se, imediatamente, para todos os lados, mal avistavam a liteira, cedendo lugar à filha do faraó, em quem presumiam a futura soberana.

O Sol já se encontrava alto no firmamento. Em verdade, era um pouco tarde para o banho de Juricheo.

Devia resguardar-se do sol, conforme desejo expresso do faraó, sempre cuidadoso com o bem-estar da jovem. O Nilo espalhava, porém, aprazível frescor. O local escolhido por Juricheo estava resguardado de possíveis olhares curiosos. Um juncal espesso marginava a água de ambos os lados, deixando apenas um sítio descoberto e era esse recanto que Juricheo visitava sempre. Desceu da liteira e, com um gesto, ordenou às acompanhantes que permanecessem mais atrás, caminhando em direção ao rio.

Lá chegando, soltou os véus, deixando-os cair ao solo; por momentos quedou-se imóvel, as mãos atrás da cabeça, escutando os leves ruídos a seu redor. Nisso começou a prestar atenção e, de repente, embrenhou-se por entre o junco. Teve logo certeza de não ter ouvido mal; adiantou-se, ansiosa, curvando os longos talos, mas recuou assustada para um lado, ao perceber um ruído. À sua frente surgiu uma menina de pele escura que a olhava espantada, com os olhos desmesuradamente abertos.

— Quem és tu? indagou Juricheo.

A jovem deixou-se cair a seus pés.

— Oh! princesa, não o mates, deixa-o viver, soluçava ela.

Juricheo sacudiu a cabeça.

— Quem? De quem falas afinal?

Logo, porém, silenciou, pois um choro alto saiu do juncal. Tentou dar alguns passos adiante, mas a jovenzinha enlaçou-lhe os joelhos.

— Senhora! implorou angustiada.

Juricheo, contrariada, empurrou-a e ordenou:

— Deixa-me!

A jovem, gemendo, ficou de lado.

A filha do faraó rumou ao encontro do choro infantil. Parou, ao deparar com uma cesta que flutuava, pela metade, na água. Com gesto rápido, ergueu a vestimenta e entrou no lodo. Curvou-se sobre o cesto e logo o puxou para si. De um salto alcançou o chão firme. Apertava contra o peito o cestinho; havia silêncio dentro dele agora. Juricheo rapidamente afastou os juncos e novamente chegou perto da jovem, a quem, no entanto, nem dispensou atenção. Ela se ajoelhou e abriu o cestinho.

— Oh! exclamou admirada.

Dentro havia uma criancinha cujos olhos escuros a fitavam.

— Que linda criatura! murmurou baixinho.

A jovem, mal refeita do susto, ergueu a cabeça admirada. Contudo, não se atreveu a uma aproximação maior.

A egípcia estava completamente absorvida na contemplação da criança. Ao olhar a desamparada criaturinha, sentiu o coração tomado de comiseração. Lembrou-se então da jovem e perguntou:

— É teu filho?

— Não. É meu irmão.

E ela continuou, rogando:

— Deixa-o para mim. Não o mates, princesa!

— Matá-lo? Eu?

— Princesa, todos os recém-nascidos do povo de Israel são mortos barbaramente. Também a ele matarão, quando for encontrado!

Juricheo moveu a cabeça, expressando dúvida.

— É bem assim que acontece, princesa, disse a jovem com veemência.

— Como te chamas?

— Míriam, e ele se chama Moisés.

A mocinha indicou para o irmão.

— Bem, Míriam, nada acontecerá a Moisés. Eu zelarei pela vida dele.

Assustada, Míriam estendeu as mãos para agarrar a criança.

Juricheo segurou o cesto com energia.

— Eu ficarei com ele, Míriam, não tenhas medo; dize a tua mãe que Moisés ficará sob minha proteção.

Ela calou-se por um instante, depois continuou:

— Querendo, poderás vir algumas vezes ao palácio para vê-lo.

Míriam olhou para a filha do faraó fixamente. Seus olhos profundos e precocemente amadurecidos pelo sofrimento, que tinha presenciado desde a mais tenra idade, sondavam as palavras de Juricheo. Esta, enfrentando-lhe o olhar, observou o medo, a desconfiança, depois a tênue esperança e por fim o sorriso que se expandiu no rosto de Míriam. Com um aceno amistoso, a princesa despediu-se da jovem e correu feliz e radiante, com o pequeno achado nos braços, para junto das escravas. Sem dar atenção aos admirados olhares de que era alvo, subiu na liteira.

— Depressa, retornemos! ordenou aos escravos, que logo se puseram a correr.

Daquele dia em diante, Juricheo estava transformada. Cuidava de Moisés, sua vida gravitava em torno dele como se fosse seu próprio filho. O faraó deixava-lhe a extravagância, ele via nisso apenas um novo capricho de sua predileta. Juricheo, por sua vez, foi prudente; soube ocultar, frente ao pai, seu amor pelo menino. Conhecia o ciúme demonstrado pelo faraó por tudo aquilo que recebesse mais atenção por parte dela.

Aparentemente Moisés era apenas um brinquedo para a filha do faraó. Logo, porém, que se encontrava a sós com a criança, cobria-a de toda dedicação de que era capaz. Moisés cresceu assim numa atmosfera plena de carinho e amor maternal. Todos os demais eram também atenciosos com ele, todavia com aquela consideração que demonstrariam a um cãozinho de estimação de Juricheo.

No início com frequência, depois cada vez mais espaçadamente, vinha Míriam. Então, acabou esquecendo o irmão que nem mais era mencionado na família.

Ao ficar mais crescido, Moisés recebeu os melhores professores, segundo a vontade de Juricheo. Uma grande ânsia de aprender foi despertando nele. O garoto revelava uma inteligência fora do comum, fato que muito envaidecia sua mãe adotiva. Sempre que havia oportunidade, Moisés era apresentado como menino prodígio. A vivacidade das respostas do menino agradava ao faraó, que o exibia para divertimento dos hóspedes.

Juricheo detestava semelhantes espetáculos. Temia que Moisés se tornasse presunçoso em decorrência dos inúmeros elogios que tão facilmente lhe dispensavam.

Chegou o tempo em que manifestaram-se traços frívolos na personalidade de Moisés, os quais Juricheo tentou abafar com uma severidade inadequada. Moisés continuava em sua despreocupação; ria quando ela tentava falar-lhe em tom mais sério. Por fim ela zangou-se realmente:

— Escuta Moisés, disse com veemência, não quero que sejas demasiado confiante para com todos. Isso irá prejudicar-te!

— Não são todos bons?

— A bondade deles durará apenas enquanto estiveres sob minha proteção. Não estivesse eu a teu lado, se estivesses desamparado, eles te expulsariam ou mesmo te reduziriam à condição de escravo. Por ora estou aqui e te protejo; mais tarde tu mesmo deverás defender-te e para isso é imprescindível que sejas prudente e astuto.

Moisés havia escutado em silêncio, mas não compreendera a extensão das palavras ouvidas. Juricheo levou-o então a sentar-se a seu lado, sobre macias peles, e contou-lhe sobre a origem dele, sobre o povo no qual havia nascido e como ela o salvara.

Moisés escutava-a com interesse imenso; com os olhos presos aos lábios dela, a compreensão foi surgindo. Traços de profunda seriedade imprimiram-se na fronte juvenil e pura. Num repente de gratidão, Moisés recostou-se em Juricheo; a mãe adotiva recobrou a calma, sentindo-se feliz. Após afastar os cabelos negros e encaracolados do rosto do garoto, pediu-lhe então que a deixasse sozinha.

O temor que sentia por Moisés era maior do que supunha; continuamente planejava meios e modos de protegê-lo do faraó. Sabia haver suscitado em Moisés, com suas revelações, uma voz que não mais silenciaria e que, dali por diante, saberia vibrar em uníssono com o eterno pulsar do sangue israelita. Moisés, no futuro, poderia tornar-se inimigo do povo egípcio, poderia até planejar o aniquilamento do Egito quando tivesse mais idade. Ele tinha acesso a todos os segredos de Estado, e sua prodigiosa inteligência dava-lhe clara visão dos problemas. Juricheo estremeceu; já antevia o pavor e a morte abaterem-se sobre as terras do Egito pela mão de Moisés. Esquecia completamente que ele era ainda um menino; era ameaçador o que se apresentava aos olhos dela. O vingador de Israel.

"Por que falei? Amo-o então mais que a meu povo?"

Daquele momento em diante, a princesa nunca mais aludiu à origem de Moisés; ele, por sua vez, não solicitou novos esclarecimentos, e mesmo assim a egípcia via como amadurecia em Moisés a ira, a aflição pelo seu povo. Ele sofria por seu povo, embora o visse pouco, e todavia desprezava-lhe o feitio covarde de suportar o cativeiro. Moisés era orgulhoso, senhoril; não conhecia nenhum ser humano ao qual pudesse sujeitar-se cegamente. Sua vontade desenvolvera-se sem restrições. Crescera sob a proteção da filha do faraó, ninguém se atrevendo a contrariá-lo.

Convertera-se num moço, alto e esbelto, de olhos inteligentes e expressivos que, frequentemente, sonhadores e meigos, perdiam-se na distância como que aguardando um milagre. Ao redor de sua boca desenhava-se então um vinco que apenas Juricheo sabia interpretar. Caracterizava com frequência uma amargura que ele sentia e isso quase sempre que o palácio ostentava suas maiores magnificências. Moisés começava a perambular pelos salões, observava o afã dos escravos, via os preciosos presentes trazidos pelos hóspedes, que eram armazenados nos recintos do tesouro real; sua mão delgada deslizava, como que brincando, sobre os tecidos traspassados com fios de ouro, deixando gemas preciosas escorrer por entre os dedos até que, de chofre, cerrava os punhos, retrocedendo com expressão de asco. Pronunciada ruga vertical marcava-se em sua testa, até então lisa e desanuviada. Sombrio era o olhar com que percorria as joias, o tesouro imenso e inaproveitado, ao passo que povos inteiros sucumbiam na miséria.

Moisés continha-se com dificuldade, pondo-se a caminhar rapidamente, até que exausto, quase sem fôlego, deixava-se cair num canto do pátio ou sobre os degraus de alguma escadaria. Pouco a pouco a agitação abrandava, a respiração voltava ao normal e ele retornava ao interior do palácio. Costumava depois repreender a si próprio e tentava conservar o autodomínio em ocasiões semelhantes, porém a ira que o assaltava era cada vez mais violenta.

M ENSAGEIROS de um soberano ingressaram ao átrio externo do palácio. Em seguida foram encaminhados à presença do faraó. Este, mal os avistou, reconhecendo-os pelas vestes, ergueu-se e deu mostras de contentamento. Os enviados inclinaram-se reverentemente. Como o faraó, com um gesto, interrompesse as demoradas saudações, eles começaram a falar:

— Majestade! Abdruschin, nosso amo e senhor, com grande séquito, aproxima-se de vossa corte. Ele vos saúda.

— Quando me será dado o prazer de hospedar Abdruschin, aqui?

— O soberano vem a curta distância de nós.

O faraó acenou a um escravo.

— Envia imediatamente cem cavaleiros ao encontro de Abdruschin, para dar-lhe cortejo até o palácio.

O escravo retirou-se apressado. Os mensageiros, por ordem do faraó, foram devidamente hospedados. Logo o palácio mostrava-se na maior agitação. Juricheo convocou suas aias; deviam adorná-la para a recepção de Abdruschin. Apenas Moisés permaneceu apático;

sentado no chão, havia observado os apressados servos até que se aborreceu; ergueu-se, dirigindo-se ao bosque que cercava a parte posterior do palácio. Ali, no silêncio, recuperou a alegria, esquecendo o desprezo sempre presente quando testemunhava as expansões exageradas em matéria de hospitalidade do faraó. Despreocupadamente perambulou pelo local, admirando os espécimes raros, a pujante beleza da vegetação; saboreou os frutos que havia em abundância. Ao cabo de algum tempo, ele, em paz consigo, retornou ao interior do palácio, cantarolando. Estavam já a sua procura.

Os escravos, tendo em mãos vestimentas e joias a ele destinadas, aguardavam-no para enfeitá-lo convenientemente para a recepção do hóspede. Displicentemente, Moisés permitiu que o despissem e lhe colocassem a roupa suntuosa; estendeu os dedos e aceitou os anéis preciosos, presentes de Juricheo. A admiração que despertava nos que estavam em volta não o afetava. Com simples gesto, dispensou os servos e dirigiu-se ao salão onde se encontravam Abdruschin e o faraó. À sua entrada, a conversação cessou. O faraó sorriu ao notar o olhar de interesse que seu hóspede lançou ao jovem.

Juricheo ocupava um assento entre os dois homens; também ela sorriu ao ingresso de Moisés e acenou-lhe. Em seguida falou, dirigindo-se ao hóspede:

— Abdruschin, este é Moisés, de quem acabei de falar.

Abdruschin observou atentamente o jovem que o saudava. Moisés curvou-se reverentemente por três vezes. Levando a mão à testa, Abdruschin correspondeu à saudação. Seus grandes olhos escuros encontraram-se com os de Moisés, intimidando-o. Em silêncio, Moisés ocupou seu lugar defronte ao hóspede. Os escravos traziam, em travessas de ouro, os manjares do banquete. Jarras de vinho eram trazidas e logo as taças cheias eram apresentadas aos convivas, como refrigério.

Moisés suspirava intimamente, conhecia bem os banquetes do faraó, os quais costumavam prolongar-se dia afora. Furtivamente lançou um olhar para Abdruschin, no mesmo instante, porém, baixou a cabeça; Abdruschin observava-o. Pouco a pouco, apossou-se dele uma sensação estranha; acreditou sentir uma espécie de ligação anímica com o príncipe estrangeiro. Ele o atraía cada vez mais. Parecia fluir de Abdruschin para ele uma força como jamais imaginara existir. Como era possível que o faraó permanecesse alheio sem pressenti-la? Inquiridor, ele olhou para o hóspede, que lhe sorriu. Moisés confundia-se cada vez mais. "Será algum mago?", assomou-lhe ao pensamento.

Aguardava que Abdruschin se dirigisse a ele, como alguém que anseia escutar uma palavra de bondade.

Abdruschin, no entanto, parecia evitar um diálogo entre os dois; deixava a palestra generalizar-se.

"Que faço afinal aqui sentado?", pensou Moisés. "Não sou eu o bobo da corte do faraó? Todos os visitantes se deleitam com minha eloquência e procuram com manha sutil confundir-me; apenas este príncipe não me dispensa atenção. Não é bem isso! Ele me observa, mas não fala comigo. Para ele não sou bom passatempo, não consigo diverti-lo, decididamente não me aprecia!"

Moisés foi ficando cada vez mais calado. O faraó dirigia-lhe olhares aborrecidos, manifestando seu desagrado. Juricheo olhava-o preocupada. O único que aparentemente nada percebia era Abdruschin. A ninguém era dado ler em seu semblante jovem. Seus traços eram tão claros e harmônicos, que levavam a crer ser fácil desvendar-lhe a personalidade, mas logo que alguém procurava conhecê-lo melhor, observando-o com atenção, ficava pensativo a respeito.

Abdruschin era bem jovem ainda, contudo governava uma das maiores nações da África. A história de sua origem perdia-se em véus de mistério. Nunca era aventada abertamente. O povo fizera dele o seu soberano. Amava e venerava Abdruschin como a um deus. Forças sobrenaturais, que diziam possuir, haviam-no elevado ao trono, facultando-lhe aquele enorme poder que exerce.

O faraó temia-o realmente, eis a razão de disputar-lhe a amizade com empenho. Apesar disso, a inveja era a única coisa que ainda o afligia. Certamente ele, o faraó, era poderoso, dono da vida e da morte de seus súditos, impunha cativeiro em seu proveito, possuía incontável tesouro; mas que métodos precisava empregar para conseguir isso tudo? Iria um israelita trabalhar em proveito do faraó, se a chibata não lhe zunisse no dorso? Iria algum servo obedecer a suas ordens, se não fosse um escravo passível de ser morto? Irritado, ele expunha a si próprio essas indagações.

E Abdruschin? Como governava? Possuía ele um Israel para flagelar ao bel-prazer? Não! Tinha escravos? Não! Os servos eram pessoas livres, bem como o povo inteiro; todavia fatigavam-se pelo soberano, aumentavam diligentemente o tesouro real, amavam-no enfim! Onde estava o poder desse homem, cuja procedência era de todos desconhecida? Por que lhe sobrevinha brincando aquilo que a ele, o faraó, custava noites de insônia e muita astúcia? O seu semblante sereno, os bondosos e ardentes olhos escuros, seriam as armas com as quais dominava as massas?

Rancor começou a dominar o faraó. A sua vaidade descabida não tolerava que houvesse outro maior, mais poderoso. Convinha, porém, que ninguém conhecesse os seus sentimentos. O temor em relação a Abdruschin colocara-lhe uma máscara de disfarce no rosto. Suas palavras traspassadas de amizade, respeito e amor, deveriam fazer com que Abdruschin acreditasse em sua sinceridade. O engodo daria resultado? Nada levava a crer que Abdruschin desconfiasse de algo. Ingênua e confiante mostrava-se a aparência dele.

Nem Juricheo pressentia os pensamentos paternos. Ela amava Abdruschin na medida que o admirava, irrestritamente. Ele constituía para ela o ideal inatingível. Juricheo sabia que ninguém deixaria de amá-lo, convivendo em sua proximidade; criatura alguma conseguiria subtrair-se a seu encanto. Notava a mudança operada em Moisés. O primeiro encontro trouxera consigo a transformação. Ele, como os demais, havia capitulado ao fascínio daquele homem. Estranha era também a reação do faraó, surgida após esse contato demorado com Abdruschin; seu olhar ganhara um brilho benevolente, a própria astúcia que luzia em seus olhos amendoados desaparecia, seu sempre protuberante lábio inferior recolhia-se, e assim a fisionomia perdia aquela rudeza brutal que lhe era característica. O faraó, nesses momentos, esquecia a inveja que o acometia quando pensava no poderio de Abdruschin. Seus rompantes iam cedendo lugar a palavras mais simples, menos exageradas.

O festim prolongava-se por horas e horas, apenas interrompido, de quando em quando, pela exibição de dançarinas, prestidigitadores e músicos que o tornavam mais variado e aprazível.

Moisés permanecia alheio a tudo; vez ou outra seus olhos pousavam no príncipe estrangeiro. Acudia-lhe à mente o povo israelita. Sentiu tristeza. Saudade assomou nele, mágoa infinita preencheu seu ser, de tal maneira, que ele, com dificuldade, conseguiu dominar-se.

"Pobre povo corajoso", pensou, "o que te dá forças para aturar tamanho sofrimento? Contas acaso com um libertador? Eu não te conheço, Israel, não sei a origem de tua força, tampouco possuo a fé na salvação como tu. Nunca te libertarás das garras deste faraó".

Absorto em tais pensamentos, Moisés esquecia o festim e seus convivas. Nisso soou, bem a seu lado, uma voz agradável e bondosa, sacudindo-o da divagação.

— Oprimem-te desgostos, meu amigo?

Abdruschin aproximou-se de Moisés. A música estridente quase abafava as palavras; assim apenas Moisés as podia escutar. Ele olhou com tão expressiva concordância para o príncipe, que este viu confirmada sua pergunta.

— Abdruschin! Eu confio em ti, pois sei que és bom. Posso dizer-te aquilo que me oprime?

— Amanhã poderei escutar-te, cavalgarei em tua companhia pelos arredores da cidade.

Moisés assentiu agradecido. Seu coração palpitava alegre. Os pensamentos sombrios anteriores dispersaram-se. De um momento para outro, tudo lhe parecia de uma leveza agradável, como se tivesse afastado de si um incômodo fardo.

Em seu íntimo ocorreu uma metamorfose. Pela primeira vez experimentava a nobre sensação do entusiasmo. Como o claro flamejar, o amor irrompeu nele, incandescendo-o e purificando-o. Cauterizava toda e qualquer impureza. Moisés sentia-se infinitamente jovem, jovem e vigoroso. Seus olhos luziam de ardor combativo. A emoção persistiu. Mesmo no dia seguinte, enquanto cavalgava ao lado de Abdruschin, sentia a força sagrada fluir através do corpo, da alma. Abdruschin sorriu ao olhar o jovem que com tanto garbo montava o corcel. Moisés interceptou o olhar e enrubesceu de leve.

— Abdruschin, falou ele, hoje me vês inteiramente outro, não sou mais o sonhador, o nostálgico que ontem solicitou teu auxílio. Desde que mencionei minha mágoa para ti, esta se evaporou. Nunca me senti tão alegre, tão jovem e cheio de vigor como hoje!

— Moisés, o que te atormentava?

O interpelado inclinou a cabeça.

— Senhor, faltava-me na vida o amor, o conteúdo. Suspirava por uma finalidade na existência e não a encontrava.

— Julgas que a descobriste agora?

Moisés aprumou-se.

— Sim!

Abdruschin não respondeu, a despeito dos olhares inquiridores de Moisés. Permaneceu calado.

— Abdruschin, rogou Moisés.

Por longo tempo este olhou-o. Os animais estavam imóveis, lado a lado...

— Tens uma grande missão pela frente. É inabalável a tua vontade de cumpri-la?

— Senhor, tu sabes?! balbuciou Moisés.

— Sim. Conheço tua aspiração. Queres tornar-te o condutor de teu povo.

De novo reinou prolongada pausa.

— De onde queres haurir a força necessária à execução de tão grande empreendimento?

As palavras retumbaram como o badalar de um sino potente junto aos ouvidos do jovem.

— De onde?

— De onde!

Moisés encolheu-se.

— Israel crê num poderoso Deus invisível, retrucou após algum tempo.

— E tu desconheces o Deus de teu povo?

— Não O conheço e menos ainda conheço meu povo. Vejo apenas a humilhação que ele aguenta e a inutilidade de suas orações.

Em Abdruschin aflorou novamente um sorriso imperscrutável.

— Se salvas teu povo, porventura não lhe serão atendidas as preces?

Moisés olhou-o com admiração.

— Sim, porém eu não creio no Deus deles. Nem acredito nos deuses egípcios. Não percebo força alguma em presença deles, não irradiam amor. Só posso crer mediante provas!

— De onde, porém, deverá provir a força imprescindível ao cumprimento de tua missão?

— De onde?

De repente, Moisés rejubilou-se.

— De onde? De ti!

Ofegante ele encarou Abdruschin, contente por ter encontrado uma solução.

— Sim! Em ti está contida a necessária força. Percebo-a irradiar sobre mim, desde que estou em contato contigo. Não foi ela que me indicou o alvo de minha existência, que me soergueu da confusão, que me tornou claro o olhar?

Moisés vibrava de entusiasmo.

Abdruschin olhou-o atentamente, antes de retrucar:

— E de onde procede essa força?

— Não a tens contigo, desde sempre?

— Tenho-a porque, sem interrupção, ela se irradia para mim; eu a transmito adiante, a ti, a todos os seres humanos; nada posso fazer, porém, quando a vejo mal-empregada.

Emocionado, Moisés encarou Abdruschin firmemente. Seus olhos refletiam uma crença infantil. Seus lábios formularam poucas palavras:

— Eu creio em teu Deus, Abdruschin!

Este estendeu a mão e tocou de leve a testa do jovem, desenhando com os dedos o sinal de uma cruz. Moisés permaneceu imóvel; as montarias de ambos, achegando-se, haviam formado como uma ponte entre os dois homens.

Ainda em muitas ocasiões foi dado a Moisés sentir na testa o toque da mão de Abdruschin...

— Mantém vivo em ti este momento, Moisés, recorda-te dele quando estiveres em meio à luta e confia no Deus de teus antepassados – Ele é também o meu!

Moisés assentiu com a cabeça. Não lhe era possível formular palavras.

Em silêncio, os dois cavaleiros regressaram. O sol, no ocaso, fazia a areia do deserto brilhar, convertendo-a em um mar vermelho-cintilante. Depois tudo se apagou, tão rápido como viera. A noite estendeu-se, abrangendo tudo de surpresa.

No dia seguinte, Abdruschin deixou a corte do faraó. Partiu, deixando atrás de si, no orgulhoso palácio, um vazio, uma frieza. Em cada recanto pairava solidão. Moisés, horas a fio, caminhava a esmo de um lado para outro. Acreditava não suportar mais a vida sem Abdruschin. Sobrevinha-lhe então a recordação daquele momento solene, das palavras do príncipe. E Moisés sentia o calor benfazejo da presença de Abdruschin, sabia que dali por diante nunca estaria sozinho, pois seu Deus era onipresente! Em sua alma, com essa certeza, ingressou uma fé firme, uma ligação com Deus, cujos fios o soerguiam e proporcionavam-lhe força quando rogava por ela.

A Juricheo não passara despercebido o amor que havia transformado Moisés. Sentiu-se feliz ao dar-se conta da profunda veneração sentida por seu protegido em relação a Abdruschin. Nada comentou, entretanto, com o jovem; não quis profanar aquele sentimento sagrado.

Intimamente, Moisés agradeceu-lhe o delicado gesto. Juricheo fora para ele mãe e amiga; fios de amor interligavam os dois e apenas por ela permanecia ainda no palácio. De outro modo, há muito estaria junto de seu povo.

Visitava frequentemente os israelitas. Por dias inteiros perambulava através de suas estreitas vielas imundas, buscava seres humanos amadurecidos pelos sofrimentos e encontrava-os; no entanto, já estavam demasiado embrutecidos exteriormente para acreditar nas palavras que ele bondosa e compreensivamente lhes dirigia.

Encontrou certo dia seus familiares, alojados em mísera morada. Uma mulher magra, de cabelos grisalhos, era sua mãe. Míriam, a irmã já adulta, tinha cabelos negros e grandes olhos famintos. Pai não havia mais, apenas um homem grande, ossudo, e este era seu irmão Aarão, que olhava o mundo com os mesmos olhos obtusos de seus companheiros de desventura.

Moisés observava um a um, sempre de novo. Essa era então a família à qual pertencia? Em seu íntimo algo clamava: "Não! Mal os conheces. São estranhos para ti e nada existe que te ligue a eles!"

Moisés tentou abafar a voz interior, fazê-la silenciar, foi em vão. Ele, no íntimo, estava completamente desligado daquela família. Demasiado jovem para sobrepor-se a isso, sem conflitos de alma, via diante de si Juricheo. De repente, ansiou por ela e pelo palácio do faraó, começando a descrever tudo aos seus. Os interessados ouvintes pouco a pouco iam perdendo a aparência amistosa. Os cantos das bocas vincaram-se amargurados, ao passo que os olhos se tornaram estreitos. Na face de Aarão, a apatia inicial cedeu lugar a uma verdadeira irrupção de fúria.

Moisés nada percebia. Ele narrava como era sua vida, relatou o carinho de Juricheo para com ele, sim, até o faraó foi descrito, e acentuados os traços simpáticos!

Nisso, Aarão, fora de si de tanta ira, bateu o punho violentamente contra a mesa. Moisés ergueu-se de um salto.

— Fora! Fora daqui! gritava Aarão, arquejante. Vens para relatar a vida principesca que levas, deleitando-te com nossa miséria? Transformaste-te num egípcio! começou a gargalhar com estridência e sua voz, de tanta ira, falhava.

Pálido, Moisés ouvia imóvel as acusações do irmão; não se retirou. Sabia quão inábil fora e decidiu não arredar o pé, enquanto não tivesse apaziguado Aarão.

— Aarão, escuta! disse depois que aquele se deixara cair numa cadeira. Vós não me compreendestes, eu vim para ajudar-vos. Sim, eu quero livrar o povo de Israel da opressão do faraó.

Aarão sacudiu os ombros, desdenhoso:
— É melhor que voltes para casa, meu pequeno, volta a teu palácio. Aqui não se protegem os garotos como lá! Retira-te!

Moisés voltou os olhos para a mãe e a irmã. Leu nos rostos apenas desaprovação. Entristecido, baixou os olhos e afastou-se.

Nunca mais, em épocas posteriores, Moisés entrou no lar de seus familiares. Perseverou, porém, em visitar seus irmãos e irmãs de raça. Queria tornar-se igual a eles! Aos poucos aprendeu a ignorar a imundície que os cercava. Com eles conheceu o firme autodomínio e começou a vivenciar o sofrimento do povo como se fosse o seu próprio.

Juricheo, com crescente preocupação, observava a tendência que impelia Moisés para seu povo. Temia que isso alcançasse os ouvidos de seu pai, que há muito esquecera ser Moisés um israelita. O faraó, inclusive, abordava na frente dele os novos fardos que vergariam ainda mais os israelitas. Nem atentava para os lampejos de ira no rosto do jovem. Juricheo estremecia aterrorizada. A situação tornava-se assim cada vez mais delicada. O fio que ligava Moisés a Juricheo estava cada dia mais inconsistente, faltava apenas o puxão decisivo que o partiria de vez.

Moisés sentiu a tensão. Era seu desejo pôr-lhe um fim. Saudosos, seus pensamentos dirigiam-se a Abdruschin. Ansiava continuamente pelo regresso do príncipe. Encetava longas cavalgadas pela planície, em direção aos domínios de Abdruschin; seus olhos buscavam o horizonte na esperança de que, a cada momento, fosse vislumbrar a tropa de cavaleiros com o soberano à frente. O desejo era tão intenso, que se tornou a razão principal de seus dias.

Moisés passou a evitar os israelitas, ao dar-se conta de que nenhum progresso surgira em seus esforços de tornar-se amigo do povo. Continuava a ser encarado com a mesma desconfiança do início. Eram criaturas que desconheciam completamente o que fosse confiar no próximo; estavam sempre à espreita de perigos, inclusive atribuíam segundas intenções às palavras dele. Moisés tinha começado a se aborrecer, eis por que se mantinha afastado. A maturidade imprescindível ao êxito da missão ainda não fora alcançada. Continuamente seus pensamentos giravam em torno de Abdruschin. Deixava assomar em si, sempre de novo, a advertência recebida e assim se fortalecia intimamente.

Após a hipótese de um reencontro ter sido afastada totalmente e ele nem cogitar mais a respeito, depois de demoradas luas, Abdruschin de repente voltou! Inesperadamente, acompanhado de muitos cavaleiros, ingressou pátio adentro. De Moisés apossou-se uma excitação indescritível; querendo ser o primeiro a dar as boas-vindas ao príncipe árabe, desabalou em direção ao pátio. Os visitantes predispunham-se a entrar no palácio quando deram de encontro com Moisés. Este correu logo para Abdruschin e fez profunda reverência; em seguida, ajoelhou-se e beijou a barra da vestimenta do príncipe.

Abdruschin manifestou seu desagrado pelo exagerado modo com que tinha sido saudado. Entretanto, quando o olhar infantil do jovem pousou no seu, ele sorriu bondosamente. Mudo de felicidade, Moisés caminhava ao lado de Abdruschin, guiando-o ao faraó. Estacou, porém, ante um reposteiro gigantesco que isolava a sala do soberano.

— Não posso prosseguir, Abdruschin. Não consigo suportar "sua" proximidade neste momento.

Assim dizendo, abriu o reposteiro para que Abdruschin ingressasse, depois retornou pensativamente para seus aposentos. Lá chegando, permaneceu longo tempo meditativo, com o olhar parado. Somente no fundo dos olhos tremeluzia uma centelha. Oculto dos olhares curiosos, pairava ali no íntimo o entusiasmo, a admiração que sentia. Moisés sentia a poderosa força que recebera na proximidade de Abdruschin. Revelava-se a ele, desse modo, a pulsação de uma nova vida. A grata alegria sentida obrigou-o a capitular diante daquela grandeza.

Moisés aguardava.

Com ansiedade, espreitava o chamado do faraó. Quando, finalmente, um escravo lhe transmitiu o convite do soberano para que participasse do banquete, ele, suspirando, ergueu-se apressado.

Vibrava nele silenciosa expectativa pelo prazer antecipado de ouvir a palavra de Abdruschin. Ao entrar no aposento, antes de ser visto, alcançaram-no as derradeiras palavras do príncipe árabe.

— Fiz erguer, não longe da fronteira egípcia, meu acampamento, melhor diria, minha cidade de tendas. Prazerosamente serei teu hóspede, com frequência, durante nossa estada, nobre faraó.

Com o semblante iluminado de contentamento, Moisés rejubilava-se intimamente. Nisso o faraó, avistando-o, acenou-lhe com a mão, indicando-lhe um lugar bem afastado de Abdruschin, pois parte da comitiva deste participaria da refeição.

Moisés desobedeceu! Apossou-se de um assento bem próximo do ocupado pelo príncipe. O faraó teve ímpetos de chamá-lo à ordem, mas a cortesia diante dos hóspedes impediu isso. Um olhar irado, entretanto, atingiu Moisés, que se deu ares de não saber interpretá-lo. Permaneceu calmamente sentado no lugar que não lhe fora destinado. Logo depois, entraram os acompanhantes de Abdruschin. Após ruidosas saudações, todos ocuparam seus assentos.

Moisés começou a observar aqueles homens que conviviam na proximidade de Abdruschin. Em parte, mostravam fisionomias rústicas e destemidas. Os traços eram duros, como que entalhados, e áspero o som das vozes desses verdadeiros filhos do deserto, criados sem orientação até a chegada do soberano que os havia subjugado com a força que trazia em si. Sem se revoltarem, aqueles homens submetiam-se a uma vontade superior. Seus olhos fixavam-se nos lábios do chefe; a palavra dele, traspassando-os, preenchia-lhes a existência. Eles o seguiam incondicionalmente.

Moisés dedicou-lhes ardente simpatia, pois neles continuava a venerar Abdruschin. Estremeceu ao imaginar a que extremos chegariam aqueles homens, se alguém atentasse contra a vida do soberano.

Moisés bem sabia que os inimigos de Abdruschin eram incontáveis; muito lhe chegara aos ouvidos no paço do faraó. Havia observado, quando se referiam a Abdruschin, o vincar dos lábios e as vozes estridentes dos hóspedes do faraó.

Conhecia aqueles olhares espreitadores e astutos; via as mãos retorcidas e os dedos como se fossem garras, e vagamente pressentia, inclusive o ódio do faraó.

Entretanto, ninguém se arriscava a demonstrar abertamente antipatia por Abdruschin; eram demasiado covardes. Estaria o príncipe árabe ciente disso tudo? Desmascarava seus inimigos em pele de cordeiro? Desfrutava Abdruschin de uma proteção especial do céu, que lhe facultava ingressar, com tanta calma, nas residências de seus adversários e ali pernoitar como se fossem sua própria casa? O faraó e seus magos suspeitavam de algum mistério. Teriam razão?

Diversificados eram os pensamentos que ocorriam à mente de Moisés, enquanto observava os acompanhantes de Abdruschin.

Não se constituía em ventura suprema a graça de poder servi-lo? Submeter-se inteiramente a uma vontade dirigida somente para o bem. Todo aquele grupo de homens, a rodear seu príncipe, eram criaturas contentes. Não possuíam, no sangue, aquela inquietação em busca da Verdade, como ele próprio.

Após algumas horas, Abdruschin deu o sinal de partida. Moisés, montado em seu cavalo, escoltou-o até a proximidade das tendas. Apenas uma ou outra palavra solta cruzou o espaço durante a cavalgada. Por fim Moisés pediu a Abdruschin que parassem por instantes, pois queria despedir-se e regressar. Este, porém, seguiu adiante, e Moisés acompanhou-o sem proferir palavra.

Somente quando ao longe apontaram as tendas, Abdruschin olhou para Moisés.

— Queres ser meu hóspede por alguns dias?

A resposta de Moisés patenteou-se no olhar luminoso; hesitou, porém, por momentos, antes de responder:

— Por ora devo regressar, Abdruschin, mas amanhã estarei aqui, de volta.

O príncipe concordou e, em saudação, levou a mão à testa, depois dirigiu uma curta frase a seus acompanhantes. Imediatamente a comitiva se pôs em movimento. Os animais zarparam a tal galope, que a areia pairou qual nuvem a sua retaguarda. Moisés quedou-se imóvel, enquanto observava os cavaleiros até o instante em que estes, distantes, tornavam-se unos com as tendas, cujas silhuetas se recortavam vagamente contra o céu noturno.

Depois deu volta ao cavalo e pôs-se a correr desabaladamente pelo silêncio da noite tropical. Logo a quietude profunda, acentuada ainda mais pelo passo ritmado da montaria, envolveu-o, adormecendo-lhe os sentidos. Ele incitava cada vez mais o cavalo a correr; o manto branco que portava enfunava-se atrás dele, dando-lhe uma aparência fantasmagórica, enquanto disparava pela noite silenciosa.

Finalmente, dia alto, alcançou o palácio. Exausto, mal se mantinha na sela. Com dificuldade conseguiu chegar a seus aposentos, onde se largou sobre um divã, mergulhando em profundo sono.

As consequências da deliberação tomada é que haviam torturado Moisés até à exaustão. Jazia ali como morto, a tensão nervosa cedera.

De mansinho, Juricheo penetrou no aposento. Achegou-se a Moisés e ficou observando-o por largo tempo. As feições de Juricheo, impregnadas de dor, revelavam sofrimento. Sem dar-se conta, ela murmurou inconscientemente:

"Moisés, meu filho, agora não me pertences mais! Amanhã ou proximamente tu me abandonarás para sempre. Seguirás teu caminho, e pensamento algum, nem de leve, te indicará o sofrimento de uma mulher que te amou acima do pai e da pátria. Um cinzento véu separatório, denso e persistente, interpõe-se entre nós dois; ele nos afastará por toda a eternidade. Oh! Moisés, eu própria estendi os fios que agora qual trama gigantesca te envolvem. És livre, desimpedido, e tens contigo o auxílio, a força outorgada por um grande Deus. Tomara que Ele continue te protegendo, conduzindo-te à vitória."

Inclinou-se depois sobre o adormecido e colocou-lhe um medalhão no peito; levemente lhe roçou os cabelos com os lábios. Logo em seguida, aprumou-se. Grossas lágrimas toldavam-lhe os olhos, corriam devagar pela fisionomia agora impassível. Em silêncio, como viera, ela se retirou…

Moisés começou a agitar-se, seus lábios entreabriram-se num sorriso… e ele acordou. Imediatamente se pôs de pé, o medalhão escorregou-lhe do peito, enterrando-se nas peles. Moisés nem sequer havia reparado no objeto.

Determinação estampava-se em seu semblante.

"Agora! Agora chegou o momento", murmurou ele. Dispôs-se logo a abrir arcas e cofres. Suas mãos buscavam as vestimentas, as joias. Os olhos descansaram nas preciosidades; ele amava a magnificência, mesmo assim colocou tudo de volta, libertava-se daquilo. Tirou os anéis, a pesada corrente de ouro do pescoço, e colocou-os diligentemente no cofre, fechou-o e depositou-o depois no devido lugar.

Finalmente estava pronto. Jogou um manto escuro sobre os ombros e, sem olhar para trás, abandonou o recinto. Sem mesmo se dar conta, rumou para os jardins de Juricheo. Conhecia o hábito dela de permanecer ali, com as aias, naquela hora do dia.

Juricheo escutou os passos do jovem, ressoando no mármore. A apreensão sombreou-lhe o rosto. Nervosamente começou a unir, separar e juntar novamente as mãos, apertando as palmas uma contra a outra, num medo indizível. As passadas de Moisés estavam cada vez mais próximas. Juricheo viu-o surgir por detrás da última coluna. Observou o manto escuro que portava; sobreveio-lhe então certeza. Moisés, amante que era das cores claras, luminosas, demonstrava agora com aquele manto sua despedida de tudo.

— Moisés? indagou ela com voz sumida, ao tê-lo pela frente.

— Juricheo, vou partir, conheces o motivo. Ela apenas assentiu com a cabeça, seu coração batia lento e pesado.

— Inicialmente serei hóspede de Abdruschin, depois…

— Sim, depois?

— Quero dedicar-me a meu povo.

Novamente Juricheo assentiu. Moisés queria ainda proferir algo, uma palavra de gratidão; não conseguindo, permaneceu imóvel à frente dela, respirando com dificuldade.

Não foi possível a Juricheo amenizar-lhe a partida. Ela percebia agora quão forte era ainda sua esperança e quanto, a despeito de tudo, se apegava a isso.

Moisés retirou-se da presença dela com passadas rápidas. Juricheo permaneceu quieta, sem manifestar um som, um movimento. Seguiu Moisés apenas com o olhar… Depois, encaminhou-se aos aposentos dele, quando o julgou distante. Como uma sonâmbula, dirigiu-se ao leito ocupado até então por Moisés. Sentou-se e deixou que as mãos deslizassem carinhosamente pelas almofadas e peles.

"Aqui!" A mão de Juricheo segurou o medalhão, o talismã que fora seu derradeiro presente. Ficou a observá-lo na mão espalmada. Depois foi até o cofre de joias. Fechado! Prendeu então o medalhão à corrente que trazia em seu pescoço, ocultando-o entre as dobras do vestido.

"Não levou nada", murmurou ela afinal. "Partiu pobre como veio, nem sequer uma lembrança de mim levou consigo em sua andança pelo mundo." Em seu abandono, Juricheo a ninguém falou de sua dor. Aparentemente nada havia mudado.

Nesse meio tempo, Moisés cavalgara ao encontro da tenda de Abdruschin. Longínquo, estendia-se o deserto à sua frente. Areia, areia e mais areia, onde quer que a vista alcançasse. Abrasante declinava o sol no firmamento, enviando seus derradeiros raios àquela paisagem desoladora. Moisés nada percebia ao seu redor, apenas um pensamento vivia nele: "Está consumado!"

Repetidas vezes essas palavras acudiram à sua mente. Finalmente o começo da missão delineava-se para ele. Não havia como retroceder.

A distância percebeu cavaleiros que vinham ao seu encontro. Moisés rejubilou-se, quando notou fisionomias que conhecera no cortejo de Abdruschin.

Em desabalada correria colocaram-no em seu meio, rumando em seguida diretamente ao acampamento. Vislumbrando as tendas, Moisés sentiu o coração aliviado, como se a pátria lhe acenasse. Recanto amigo, pessoas amigas, afinal!

A montaria de Abdruschin pateava nervosamente de um lado a outro. Um cavaleiro solitário encontrava-se sobre uma pequena colina, observando o grupo que chegava. Leve brisa tangia-lhe o burnus, vez que outra, deixando-o enfunar-se e fechar-se. As silhuetas, homem e corcel, constituíam uma unidade ao se destacarem, claras, do profundo azul do céu noturno. Moisés contemplou o firmamento, as estrelas cintilantes e, coroando a paisagem, o solitário cavaleiro da colina. Intimamente estremeceu. Uma recordação de algum lugar assomou nele.

"Ele é diferente de todos os homens", pensou. "Ele é sozinho, sem ligação conosco, os demais seres humanos. Será que ele pressente isso? Ele se sentirá solitário aqui na Terra?"

Em dado instante, Abdruschin galopou colina abaixo e, em curto tempo, estavam os dois cavaleiros frente a frente.

Um olhar penetrante de Abdruschin atingiu Moisés.

— Livre?

— Sim!

Abdruschin acenou com a mão e cavalgou à frente do cortejo, rumo ao acampamento.

Alguns homens, postados ante a tenda de Abdruschin, espreitavam a noite, procurando o grupo cada vez mais próximo. Apesar da escuridão, reconheceram seu príncipe. Os ouvidos dos árabes eram aguçados; selecionavam as passadas de Abdruschin dentre as demais. Não lhes havia passado despercebida a chegada dos cavaleiros; o apear das selas e o dispersar em rumos diversos. Alguns vultos se destacaram na escuridão da noite. Os homens retrocederam, dando livre acesso à tenda. No mesmo instante esta foi aberta, e uma delicada figura esgueirou-se para fora. Na escuridão produzia o efeito de uma delicada sombra. Nisso ela reconheceu o homem que se aproximava.

— Abdruschin! a voz vibrou na noite silenciosa como o trinar de um passarinho.

Logo a jovem correu ao encontro do príncipe que a saudou sorridente.

Abdruschin acenou, convidando Moisés que, tímido, havia ficado mais atrás. A luz quente dos candelabros iluminava o interior da tenda, facultando o livre exame da decoração. Tapeçarias caras recobriam o chão e as paredes; sobre os assentos jaziam peles variadas, e ao lado destes estavam dispostas fruteiras de ouro. Tesouro incalculável estava guardado em arcas incrustadas de pedras preciosas.

Moisés a nada deu atenção. Seus olhos miravam fixamente aquela que, por sua vez, olhava o príncipe como se quisesse ler em seus olhos a sua vontade. Abdruschin colocou a mão sobre o ombro da menina e, sorrindo, indicou para Moisés:

— Não percebes que meu hóspede está ansioso por saber quem és?

Moisés, completamente desconcertado, passou a mão pelos cabelos.

A jovenzinha olhou-o admirada e indagou:

— Quem é o teu hóspede?

— Um israelita educado na corte do faraó.

A jovem buscou a mão de Abdruschin e, temerosa, encostou-se nele.

— Convivia com o faraó?

— Sim, mas já deixou aquele ambiente, Nahome.

— Oh! riu aliviada. Isso é bom!

Abdruschin dirigiu-se a Moisés:

— Nahome vive sob minha proteção. Ela e a mãe foram assaltadas e aprisionadas pelos guerreiros do faraó. Pude libertá-las. Eis por que ela me agradece, permanecendo sempre a meu lado.

Moisés contemplou a criatura infantil, demonstrando claramente sua admiração.

— Quem não te amaria, meu príncipe? disse ele.

E seu olhar exprimiu calorosa gratidão.

Abdruschin fez um gesto de recusa, depois indicou um assento.

— Deves estar cansado, Moisés, e com fome. Vamos à ceia.

Nahome bateu palmas; servos surgiram, trazendo escolhidas iguarias que colocaram à frente dos que estavam sentados.

De Moisés apossou-se uma indizível tranquilidade. Tinha a sensação de como se pela primeira vez estivesse num verdadeiro lar. Havia se obrigado a permanecer nos casebres dos irmãos de raça, mas jamais encontrara ali aquela benfazeja intimidade. Sentira apenas angústia ao fitar os escuros olhos dos israelitas. Aqueles olhares acusadores estavam sempre diante de seu espírito, intimando-o, jamais o largando, nem em vigília, nem durante o sono. A urgência em auxiliá-los era cada vez mais imperiosa para ele. Sim, ele amava aqueles filhos de Israel, apiedava-se deles, mas pertencia realmente àquele povo? Conhecia o sofrimento deles através da experiência? Havia sido oprimido pelos egípcios? Na corte faraônica havia experimentado apenas gestos de bondade; nunca compreendera toda a extensão do sofrimento israelita.

Abdruschin pareceu pressentir os pensamentos do hóspede.

— Em breve irás dar início a tua missão; sentes-te impelido para ela, não?

Moisés olhou para o príncipe.

— Agora nada mais me impele, pois tenho tudo, se posso estar junto de ti.

— És tão vacilante?

Graves e exortadoras, essas palavras atingiram Moisés; ele inclinou a cabeça, ficando em silêncio.

— Moisés! Crês ainda em Deus, no meu Deus que também é o Deus de teu povo?

— Sim, creio Nele.

— Mesmo assim não atinas com a razão de tua existência?

— Abdruschin, vivo para libertar o povo israelita, mas… conseguirei isso? Não conheces aquele povo como eu. Frequentei suas moradas, testemunhei a pobreza e o desespero, como também vi a desconfiança que me ofertaram. Sou um estranho para aquele povo, nunca confiarão em mim. E… como dar um início? De que modo agirei? Insuflando um levante contra os egípcios? Um só golpe do faraó, e abatidos estarão por terra os israelitas!

— E ainda dizes que crês? Não, Moisés, tu não possuis crença alguma! Somente a fé conseguirá iluminar-te, mostrando-te os caminhos que deves percorrer!

— Abdruschin, dize-me o que devo fazer, então serei vitorioso!

Abdruschin meneou a cabeça com ar grave.

— Acaso já não te falei precisa e evidentemente? E mesmo assim não me entendeste? Vai, portanto, para o deserto e lá, sozinho, sem proteção, prepara-te até ouvires a voz do Senhor!

Moisés ergueu os olhos em desespero.

— Tu me expulsas de tua presença, Abdruschin? Eu devo partir? Não me estimas? Desprezas-me, então?

— Sou severo porque te estimo e, por querer auxiliar-te, privo-te de minha companhia. Vai para a solidão, luta pela vida e amadurece no silêncio. Aguarda que o Senhor venha a ti, ouve Sua voz e age conforme Suas ordens.

— Senhor!

Quase gritou Moisés essa palavra, depois inclinou a cabeça.

— Eu farei como dizes, murmurou ele.

Abdruschin assentiu com ar grave e ergueu-se.

— Moisés! o chamado soou alegre.

Moisés pôs-se de pé e fitou o luminoso semblante do príncipe.

— Abdruschin! balbuciou.

Ele também havia sido atingido pela luminosidade, imprimindo clareza a suas feições.

— Eu te compreendo, Senhor!

Cheias de energia assomaram as palavras a seus lábios, que não mais revelavam fraqueza.

No dia seguinte, Moisés deixou o príncipe, indo em busca da solidão, num preparo para sua missão.

De uma amplidão infindável e solitária estendia-se o deserto à frente dele. Ali, longe, lembrou-se de sua juventude, de sua renúncia aos hábitos adquiridos. Paulatinamente esquecia as últimas reminiscências do luxo que o rodeara. As fadigas durante suas caminhadas, que teve de suportar se não quisesse morrer de fome, pareceram de início insuportáveis. Impunha-se encontrar um oásis, se quisesse sobreviver. Uma voz inexorável em seu íntimo impelia-o a prosseguir. Moisés olhava ao redor e via-se assaltado pelas imagens do pródigo vale do Nilo, onde a natureza ofertava ao homem com generosidade. Cintilações amarelas ofuscavam-lhe os olhos: areia, areia – nenhum abrigo contra o sol escaldante.

Constantemente caía de joelhos, perto do desespero completo. "Voltar? Nunca!", Moisés então orava.

Rogando a Deus por auxílio, como nunca antes fizera, sobreveio atendimento a seu pedido. Seus olhos descobriram vestígios quase apagados. Seguindo-os, ele, exausto por completo, finalmente encontrou o desejado oásis. Uma vertente! Moisés bebeu; a garganta estava ressecada. Há tempo já que a provisão de água, que levara em odres sobre o dorso do camelo, terminara. Ele teria sucumbido, se não lhe tivesse vindo o auxílio.

ABDRUSCHIN, nesse meio tempo, cavalgava por sua cidade. A seu lado estava Nahome. Abdruschin, bem como seus acompanhantes, havia antecipado o regresso à pátria. Uma construção branca e não muito alta coroava a pequena elevação: a residência do soberano. Nahome rejubilou-se ao deparar com o palácio.

— Alegras-te por rever tua mãe, Nahome?

— Sim. É uma das causas de minha alegria, porém sinto-me mais segura agora que escapamos das proximidades do faraó.

— O faraó não quer nada de mal, minha filha.

Nahome olhou fixamente diante de si.

— Sei que ele é mau!

— Ele não se atreveria a lutar contra mim.

Nahome não retorquiu; permaneceu meditativa sobre o dorso do cavalo, em cuja crina descansava a mão, descuidadamente.

Não possuía a força necessária para afastar de si as recordações sombrias. Era uma criança que não conseguia esquecer o medonho sequestro. O terror que sentira do faraó, cujos guerreiros lhe haviam trucidado o pai, não a deixava recobrar a paz. O primeiro acontecimento grave de sua meninice, e como vincara aquela alma infantil!

Ocorrera então o segundo acontecimento. A libertação através de Abdruschin. Nahome nunca esqueceria o semblante do príncipe, que se aproximara, naquela ocasião, com olhos cintilantes, e a erguera do catre imundo, onde assustada se enrodilhara.

Nahome vivia apenas na dedicação que consagrava a Abdruschin, seu libertador. Procurava servi-lo com profundo agradecimento e infantil submissão. Abdruschin, por sua vez, acolhia enternecido aquela oferenda espontânea da criança. Amava Nahome, a quem consentia permanecer em sua presença, tanto quanto desejasse.

Mãos acenavam com panos do terraço, cobertura do palácio. Nahome ergueu o braço e, alegre, retribuiu a saudação. Também Abdruschin sorriu ao avistar os amigos. O caminho que percorriam estava orlado de ambos os lados pelos súditos. Ovação alegre pelo regresso do soberano alcançava os ouvidos dos cavaleiros. Abdruschin acolhia silencioso as exclamações de júbilo. Seu olhar, às vezes, abrangia a multidão e ele sorria.

O cortejo alcançou o portal do palácio. As portas, abertas de par em par, aguardavam a passagem do príncipe. Um grande pátio interno acolheu os cavaleiros. Apearam todos, e servos diligentes se apressaram a tomar a si as montarias.

Larga escadaria levava ao interior. Os degraus inferiores estavam ocupados pelos amigos de Abdruschin. Nahome, contentíssima, correu ao encontro da mãe.

Mais tarde, após as saudações, Abdruschin subiu os degraus, dirigindo-se a seus aposentos. Todos os demais permaneceram ao pé da escadaria, acompanhando com o olhar o príncipe que subia. O manto branco, agora solto, cobria-o por inteiro, arrastando-se sobre o mármore dos degraus. Alcançado o topo, ele olhou de relance para trás e avistou os rostos erguidos dos amigos que o fitavam. Em seguida, rumou rápido para a direita, desaparecendo.

Profundo silêncio imperou entre os remanescentes, no pátio. Seus semblantes estampavam uma veneração, uma dedicação que quase se igualava à adoração. A vontade dominadora do príncipe, por meio do amor que sentiam, erguia-os, igualando-os.

A FUGA de Moisés suscitara estranheza na corte egípcia. O faraó havia chamado Juricheo a sua presença. Trêmula, ela se postou ante o pai, vendo o riso cruel que lhe recortava a boca. Fazia já muito tempo que o amor dele pela filha se extinguira; somente com muito empenho Juricheo conseguia mantê-lo apaziguado. A beleza de outrora fora-se, e ela esforçava-se em reproduzir, à custa de hábil vestuário e raros unguentos, uma parte do antigo esplendor. Sentiu que, naquele instante, os olhos frios do faraó perscrutavam-lhe a fisionomia apagada. De antemão sabia que o julgamento sobre sua aparência era impiedoso pela circunstância.

"É chegado o fim", pensou, "agora ele, aproveitando o ensejo, me afastará, relegando-me a segundo plano".

— Onde está o israelita? Teu protegido? Áspera e fria a indagação abateu-se sobre Juricheo.

— Não sei, retrucou ela com voz sumida.

— Ah! sim. Não confessas que lhe facilitaste a fuga?

— Moisés podia entrar e sair a seu bel-prazer.

— Unicamente culpa tua! Mas quero dizer-te onde se escondeu.

Juricheo tremia tanto, que se viu forçada a recostar-se a um móvel. Nenhum som lhe vinha aos lábios.

— Enfim, onde pensas que se encontra aquele sonhador, sabes por acaso? A pergunta soava maliciosamente. Está junto a nosso insigne hóspede, Abdruschin!

Juricheo permanecia em silêncio.

— Parece que o fato não te surpreende?! Logo se abrirão os teus olhos; verás então o que causaste com tua dedicação a esse... esse...

— Pai!

O faraó riu escarnecedoramente. Seu rosto transformou-se numa máscara. A pele do rosto, qual couro, assemelhava-se a de uma múmia. Juricheo retrocedeu alguns passos.

— Medo? De mim? Em pouco irás tremer ante um outro, ante aquele príncipe árabe! Ladino como é, soube a quem dar guarida. Logo ao inimigo mais ferrenho dos egípcios! Ao iniciado que aqui tudo soube examinar; tanto nossas fraquezas, quanto nossas falhas!

— Basta! gritou Juricheo.

— Sim. Agora o medo te atinge! Agora que é demasiado tarde.

— Não! Não! Ele não é mau. Enganas a ti mesmo!

— Como assim? Crês em verdade que Abdruschin é tão tolo que deixará escapar tão magnífica oportunidade? Aguarda algum tempo, e logo o teremos fortemente armado nas fronteiras do Egito, e precisamente nos pontos que estiverem desguarnecidos.

— Abdruschin nunca investirá contra nós; assim como até hoje não atacou país algum, também a nós deixará em paz!

— Tola!

Juricheo deixou-se cair sobre o solo; chorava. Suplicante ergueu as mãos.

— Pai! Acredita em mim, eu o conheço melhor, Abdruschin jamais seria capaz de semelhante atitude! Moisés foi movido por outros motivos a nos abandonar. Não sei quais são, mas não se harmonizam em nada com as suposições que acabas de formular.

— Retira-te! bradou irado o faraó. Tolas como tu não devem ter pretensões ao trono egípcio. As iguais a ti representam o princípio da decadência. Consegui, durante meu governo, suprir as deficiências deixadas por meu pai. Eu dei prosperidade e poder ao país, eu soube restringir a parte que os israelitas angariaram durante o período anterior. E agora, após a minha morte, voltarão os desmandos? Em tuas fracas mãos, nunca poderão ficar as rédeas governamentais! Tu não participas de minha obra, nem de minha apreensão pelo país. Tu entregarias o poder às mãos dos intrusos, dos parasitas; o poder ficaria com Moisés que te domina totalmente.

Juricheo cambaleou; ela já havia se erguido vagarosamente, ficando parada com visível esforço ante o faraó.

— Que jamais te arrependas dos maus-tratos que infliges aos desditosos israelitas. Eu abdico a um trono cuja solidez repousa em tantos sacrifícios.

Proferido isso, Juricheo retirou-se. Espanto por sua coragem tomou conta dela. Estremecendo, recordou a sede indiscriminada de matança do pai.

O faraó começou a tramar novas atrocidades. Queria manter o poder a qualquer preço. Na velhice patenteavam-se cada vez mais suas paixões, sua ânsia de poder terreno. A perda de Juricheo era-lhe indiferente. O ouro e o poder faziam-no esquecer o quanto era pobre em amor.

Seu ódio por Abdruschin crescia desmesuradamente. Martirizava seu cérebro à procura de um meio para derrubar o príncipe. Noites a fio sentava-se em companhia de seus magos, sondando suas opiniões. Porém colhia apenas um silêncio cheio de significação, logo que proferia o nome do príncipe. Todos estavam de acordo: Abdruschin devia possuir poderes desconhecidos aos demais. "É uma dádiva sobrenatural, que não conhecemos." Era a resposta invariável dos magos. Todas as vezes, rangendo os dentes, o faraó se afastava da presença deles. Os coitados viviam sob constante ameaça de morte, sempre à procura de uma solução!

Com rigor maior que antes, os feitores açoitavam os israelitas. As costas mal cicatrizadas encolhiam-se ante as vergastadas do chicote. Muitas mãos ergueram-se suplicantes. O trabalho forçado tornava-se dia a dia mais intolerável. O povo jazia por terra, os lábios queimavam e, assim mesmo, pensavam em seu Deus. Os lábios rachados proferiam súplicas ao Altíssimo, as mãos calejadas erguiam-se para o céu, num lamento.

E Moisés estava distante, no deserto, aguardando o chamado do Senhor.

No TEMPLO de Ísis eram apresentados sacrifícios por ordem do faraó. Uma secreta tensão apossara-se já dos sacerdotes. Diariamente o faraó comparecia ao templo, assistindo aos sacrifícios. Permanecia sentado, mudo e estático qual uma pedra; apenas os olhos faiscavam às vezes, quando a fumaça subia dos altares ou as dançarinas davam ênfase aos sacrifícios com seus bailados.

Uma música abafada acompanhava os passos rítmicos das dançarinas do templo, o ar apresentava-se azulado devido à fumaça e oprimia os pulmões dos sacerdotes. Somente o faraó parecia nada sentir. Olhava fixamente para as colunas azul-acinzentadas de fumaça, que continuamente se evolavam para o alto, espalhando-se por todo o recinto.

Um dos sacerdotes murmurou, por entre a prece, dirigindo-se à dançarina:

— Ele está louco, ainda nos arruinará com tantos sacrifícios.

A jovem arriscou um olhar para o faraó.

— Ele mal atenta à cerimônia e nada sabe do meu cansaço. Se eu parasse a dança, ele nem notaria.

Respondera, a meia voz, ao sacerdote. Este mal teve tempo de lhe enviar um sinal. "Cala-te!", era o sentido, pois o faraó erguera-se de seu lugar e encaminhava-se para perto do ídolo. Os passos arrastados, cada vez mais próximos, traziam consigo sobressalto para o sacerdote e para a dançarina. Que iria acontecer?

O faraó postou-se à frente da jovem e, com um gesto, ordenou-lhe que suspendesse a dança.

Ajoelhada, ela aguardava. Ouviram então uma voz baixa, cheia de raiva:

— Vem comigo!

Indizível horror sacudiu o corpo da jovem. Depois se ergueu, indecisa, e lançou um olhar aflito ao sacerdote. Este segurava-se com toda a força ao pé do ídolo. Seus olhos revelavam desespero, ira, ódio, sem limites. Por seu gosto teria seguido sorrateiramente aquele soberano de pernas trôpegas, para abatê-lo de um só golpe. Amor dedicava ele à dançarina. Conseguiria vê-la novamente, se ela seguisse com o faraó? Escureceu diante de sua vista. Ao recobrar plena consciência, a dançarina havia desaparecido.

Galerias subterrâneas, bem conhecidas do sacerdote, levavam ao palácio. Ele possuía as plantas originais dos caminhos secretos; era-lhe fácil chegar ao palácio, sim, até mesmo às proximidades do faraó, sem ser percebido.

"Eu o matarei!", sentenciou ele.

Nesse meio tempo, o faraó já estava sentado em companhia da dançarina num aposento forrado de cor escura. Vasos de cerâmica e recipientes de formatos estranhos encontravam-se ali. O ar impregnado pela combustão de ervas e incenso quase sufocava a dançarina.

— Vem para mais perto; ninguém deve escutar o que se destina apenas a teu ouvido! ordenou o faraó.

A jovem aproximou-se lentamente dele.

— Mais perto ainda! Assim! disse ele. Escuta!

Nisso inclinou a cabeça para a frente, de modo que seus lábios quase roçaram a orelha da jovem. A fisionomia dela começou a estampar visivelmente a impressão que as palavras lhe causavam. Primeiro fora surpresa, que se transformou logo em temor, terminando em verdadeira expressão de pavor. O faraó, tendo encerrado, recostou-se e, cheio de expectativa, aguardava a resposta da jovem, que demorou um pouco para recuperar a calma.

— Eu... agradeço... nobre faraó, gaguejou ela, por teres escolhido tua mais ínfima serva para tão importante missão, temo, porém...

— Cala-te! Não tolero hesitação! Precisas cumprir a ordem. Vai agora e faze os preparativos; à noite, um cavaleiro te guiará.

A jovem começou a retirar-se.

— Espera! gritou, como se só naquele momento lhe tivesse acudido uma ideia. O sacerdote que realiza o sacrifício deve acompanhar-te. Aos dois, em conjunto, será mais fácil a realização. Fala com ele. Não lhes faltará polpuda recompensa.

Por um espaço de segundo, o rosto da dançarina clareou-se de contentamento. Depois se curvou até o chão, afastando-se em seguida.

Rindo consigo mesmo, permaneceu o faraó bastante tempo ainda no recinto. Seus pensamentos giravam unicamente em torno de um fator: aniquilar Abdruschin!

Ofegante, a jovem alcançou o templo. Seus olhos começaram a buscar, mas não encontraram o sacerdote. Correu para seus aposentos; frequentemente ele aguardava ali durante suas danças, mas nada! Desorientada, deixou-se ficar, mordiscando nervosamente o lábio inferior. Inquietação apossou-se dela, suas mãos retorciam-se, apertando-se, patenteando a agitação interior. Teria ele cometido uma irreflexão? Talvez a tivesse seguido? Começou a caminhar de um lado para outro; em seu medo esquecia que a noite estava próxima e com ela o momento decisivo.

De súbito lembrou-se dos corredores subterrâneos que levavam ao palácio. Lá estaria ele! Precipitadamente, correu de volta para o templo. Sacerdotes estavam estirados sobre os degraus de acesso ao ídolo. A dançarina deslizou pelos vultos meio adormecidos, desaparecendo atrás da estátua. Ali tratou de deslocar um mosaico que formava uma brecha mal perceptível, e as costas da deusa abriram-se. A jovem esgueirou-se pela abertura e desceu, utilizando os estreitos degraus existentes.

Um pouco depois, o corredor começou a altear-se, permitindo-lhe caminhar ereta. Ela quase não sentia medo, apenas estremecia quando as mãos tocavam as paredes úmidas. Às apalpadelas, mantinha as mãos estendidas à sua frente; sabia encontrar o caminho na escuridão.

— Nam-Chan! chamava-o de vez em quando.

Finalmente escutou ruído de passos.

— Quem está aí? soou uma voz a pouca distância dela.

A dançarina lançou-se para a frente.

— Eu, eu! balbuciou e agarrou-se ao sacerdote.

A agitação era tanta, que antes de mais nada explodiu num choro convulsivo. O sacerdote amparou-a, guiando-a de volta, sem nada perguntar.

Os dois galgaram os muitos degraus estreitos e alcançaram o interior do templo, sem serem pressentidos. De mãos dadas esgueiraram-se para dentro de uma pequena câmara.

— Fala! Quero saber o que houve. Quando cheguei ao palácio, ouvi de um escravo que já havias partido. E agora te encontro naquele labirinto! Poderias ter perdido o rumo; um não iniciado pode encontrar a morte naquelas galerias. Fala, enfim!

A jovem acalmara-se um pouco, apenas as mãos brincavam nervosas com o colar.

— Juntos seremos conduzidos até a fronteira dos domínios de Abdruschin. Chegando lá, o cavaleiro que nos acompanhará nos deixará num estado aparentemente deplorável, como se tivéssemos sido assaltados. Devemos contar aos árabes, que forçosamente nos encontrarão, que a intenção fora matar-nos. Apenas pela fuga tínhamos escapado do triste destino. O príncipe nos dará acolhida, recepcionando-nos e então...

— Então?

— Devemos espreitá-lo, pesquisando-lhe o mistério, para depois informar tudo ao faraó, que nos recompensará regiamente.

O sacerdote ergueu-se aborrecido.

— Não faremos semelhante encenação!

— É forçoso obedecer, do contrário podemos esperar a morte.

O sacerdote nada mais disse; segurou a mão da jovem entre as dele e começou a afagá-la. Seus pensamentos trabalhavam febrilmente, buscando um modo de sair de tudo aquilo...

Nisso a porta foi aberta com um pontapé.

— Estais prontos?

Diante dos dois estava o cavaleiro. Eles concordaram mecanicamente. Com rapidez trocaram a roupa e seguiram o guia pela noite. Três cavalos encilhados esperavam; logo cavalgavam rumo ao objetivo.

Não longe da fronteira, uma tropa de cavaleiros deparou com duas pessoas, um homem e uma mulher, maltrapilhos e meio mortos de sede. Os homens alçaram-nos sobre o dorso de dois cavalos e os levaram a galope rumo à cidade de Abdruschin.

O príncipe deu-lhes acolhida, mandou fornecer-lhes vestes e alimentos e consentiu, quando solicitaram, que permanecessem a seu serviço.

Na residência de Abdruschin, o sacerdote esqueceu-se de um dia ter servido a Ísis. A pequena dançarina bailava para o príncipe como se ali sempre tivesse sido o seu lugar. Ambos sentiam-se felizes pela presença do novo amo; o faraó desfazia-se qual sombra na recordação, e eles o esqueceram.

A O LADO do leito do faraó estava Juricheo. Ela via, por detrás dele, a morte, assomando exigente. O soberano jazia ali, lutando com o inevitável. A vontade dele insurgia-se contra o fim.

— Chama teu irmão, disse ele com dificuldade.

Juricheo retirou-se. Voltou acompanhada de Ramsés.

O faraó entreabriu os olhos e fitou seu primogênito; depois lançou o olhar sobre Juricheo, em cuja fisionomia apenas leu meiguice. A custo conseguiu formular palavras.

— Ramsés... tu serás faraó... se jurares... se me jurares concluir minha obra! Mantém Israel no cativeiro! E acautela-te com Abdruschin... mata-o... senão ele te matará!

Em Ramsés a ira, por tanto tempo reprimida pela sujeição, extravasou. O ódio endereçado a Juricheo tomou conta. Prontamente Ramsés prestou juramento, pois assim feria Juricheo profundamente.

Ainda uma vez o faraó falou:

— Deves mandar matá-lo às escondidas; somente assim descobrirás o segredo dele. Evita entrar em guerra com Abdruschin, ele é invencível! Só... astúcia... ajudará...

O faraó calara-se exausto. Ramsés observou o fio da vida enfraquecer-se e arrebentar... O faraó estava morto.

Juricheo amedrontada esgueirou-se do lado do irmão, saindo do aposento. Sentia-se profundamente atemorizada. Manteria Ramsés o juramento?

D ISTANTE do Egito, distante igualmente da pátria de Abdruschin, estava Moisés. Um povo de pastores dera-lhe guarida. Moisés vigiava as ovelhas e o gado, permanecendo semanas nos desertos, rodeado pelos animais que levava de pastagem em pastagem.

Silêncio rodeava-o, voz humana alguma lhe chegava aos ouvidos. Aguardava ainda o chamado do Senhor. Saudosos seus pensamentos voavam para Abdruschin e sempre colhiam força daquela direção. Quando à noite se sentava diante do fogo, sintonizado com a quietude do ambiente, sobrevinham-lhe, qual enxame, as vozes de seu povo. Gritavam, bradavam por socorro. As lamentosas palavras de mulheres torturadas, o amedrontado e miserável choro de crianças assustadas, os surdos gemidos e os contidos resmungos de homens fracos demais para arrebentarem os próprios grilhões.

Forças excepcionais impregnavam-se então no âmago da intuição do solitário. Este erguia-se. Seu corpo esbelto aprumava-se, abria os braços inteiramente e alçava as mãos abertas para o céu, como se quisesse receber em si o definitivo, a bênção, o sinal para o início. Permanecia assim, aguardando distinguir a voz do Senhor. Logo, porém, os braços lhe caíam ao longo do corpo; as mãos, que a despeito do trabalho pesado não haviam perdido a delicadeza, quedavam-se irresolutas.

"Ainda é demasiado cedo", murmurava, e quieto sentava-se novamente junto ao fogo.

Era frequente a espera torná-lo desanimado, perto até da desesperança completa. Sofria então sob a voluntária coação que se impusera para poder alcançar o objetivo. Tinha absoluta certeza de que Deus não o conclamaria antes do tempo, um minuto que fosse, pois bem conhecia os sábios desígnios do Altíssimo. Nos momentos de inteira devoção, durante as orações, chegava a pressentir a grandiosa perfeição das leis. Sobrevinha-lhe então excelsa bem-aventurança.

Em semelhantes ocasiões, o tentador achegava-se a Moisés, munido de sedução, querendo levá-lo à loucura; torturava-o exaustivamente, desistindo apenas quando o supliciado apelava para Deus, a Quem se entregava completamente. Horrorizado, Moisés repelia a treva, apegando-se à Luz que encontrava, clara e brilhante, indicando o seu caminho.

A tribo de pastores, à qual Moisés se agregara, levava vida nômade. Os homens perambulavam com os rebanhos, deixando as mulheres e crianças para trás, em aldeias fracamente protegidas. O núcleo consistia em cabanas erigidas sobre estacas, simples e pobres ao extremo, tal como seus habitantes. Moisés consorciara-se com uma mulher daquele povo; via-a, porém, raramente e ela não lhe ocupava o pensamento. Quando permanecia na aldeia, sua vida igualava-se à dos demais homens. Moisés não queria que fosse notada sua espécie diferente. Esforçava-se em não despertar atenção.

Mantinha-se quieto, quase ausente, quando à noite, de volta à esposa, recebia a visita de outros moradores da aldeia. A conversação arrastava-se. As pessoas, em regra, eram caladas e frias. A esposa, no entanto, era dona de olhos bondosos e inteligentes; Moisés logo havia notado ter ela índole bem diferente de seus irmãos de tribo. Os hábitos da mulher haviam, a princípio, chocado o mal-acostumado Moisés, educado na corte. No entanto, Zípora, com surpreendente rapidez, soube adaptar-se aos costumes do esposo, como se esse ajustar-se fosse completamente natural. Ela procurava obter na expressão dele a satisfação ou reprovação. Nunca mencionava seus deuses diante de Moisés; espontaneamente pressentia que ele possuía outros. Quieta, deixava-se ficar num canto da cabana, movimentando-se apenas quando ele necessitava algo. A personalidade dele soubera conquistar a esposa, sem que ele próprio se desse conta disso. Mal a olhava; a presença dela não conseguia perturbá-lo. Imbuído demais com seu futuro, nem percebia os empenhos de Zípora. Moisés não ofertava um pensamento à mulher, logo que, dando as costas à aldeia, o vasto território se estendia ante seus olhos.

Ele teria sorrido incrédulo, se alguém mencionasse a possibilidade de a esposa sentir saudades enquanto permanecia sozinha. Lembrava-se de Zípora unicamente quando, de regresso, avistava a aldeia surgindo distante.

Como em muitas outras ocasiões, voltava ele para lá, apoiado no cajado, caminhando na retaguarda dos animais. Seu coração encheu-se de paz, ao avistar as colunas de fumaça subindo de algumas cabanas. Por momentos, julgou alegrar-se por encontrar novamente aquelas pessoas que lhe eram tão estranhas.

"Em verdade", pensou sorrindo, "sinto alegria em mim, uma alegria pura e ingênua como somente as crianças conseguem sentir".

De repente, seu rosto ganhou uma expressão impenetrável e os olhos fecharam-se para ocorrências terrenas. Uma voz soou para ele. E Moisés respondeu audivelmente:

"Sim, Senhor!", e após algum tempo repetiu: "Sim, Senhor!", em seguida atirou-se ao chão, tremendo.

Depois teve um gesto incompreensível: jogou o cajado à sua frente, sobre a terra, e viu como o mesmo se enrodilhava tal qual uma serpente. Segurou-lhe então a cauda e ela, a serpente, ao toque da mão dele, transformou-se novamente em cajado.

"Eu Te compreendo, Senhor!", falou ele. "Tua vontade e Tua Palavra estão personificadas neste cajado e se eu o deixar cair, ele se transforma em serpente, que é a representação do tentador aqui na Terra. Se eu perder a Tua Palavra, a serpente se enrodilhará em meus pés, travando-me os passos. A sua presa de veneno deslizará então sobre minha pele, sempre pronta a liquidar comigo."

Moisés enfiou a mão nas dobras do vestuário e, quando a retirou, esta mostrou-se coberta de lepra.

Ele estremeceu. Ocultou-a outra vez entre a roupa; sentiu imediatamente como a mão sarava em contato com seu peito. Examinou-a e ela se apresentava limpa como antes. Dominado pela emoção, Moisés escondeu o rosto entre as mãos.

"Oh! Senhor", gemeu ele, "é grandioso demais, não consigo acompanhar-Te!"

A voz do Senhor não cessava. Moisés seguia escutando. Transfiguração tomou conta de seu semblante.

"Penso que saberei dar cumprimento, pois Tua bênção repousa sobre mim. Sim, a mão leprosa, a alma maculada do povo de Israel, eu quero depurar. Quero despertar a Palavra que colocaste em meu peito e com ela purificar os israelitas da doença e do marasmo que os cobrem qual lepra incurável."

Moisés ergueu-se, com energia aprumou o corpo. O fulgor nos olhos ficara-lhe como um sinal visível.

A força onipotente de Deus revelou-se assim a Moisés.

As ovelhas estavam deitadas em ampla circunferência; ruído algum era emitido pelos animais. Também sobre eles pairara a força extraordinária, paralisando-os.

Parado, em despedida, Moisés abrangia com os olhos o grande círculo formado pelos animais. Em seguida, tangeu o rebanho em direção à aldeia. O sol desaparecia, quando chegou ao destino.

Zípora, correu-lhe ao encontro, seus olhos brilhavam e ela ofegava levemente. Moisés nada notou. Mal deu ouvidos à sua tagarelice, pois a vivência persistia avassaladora em seu íntimo, não lhe possibilitando quaisquer outros pensamentos. Estava já completamente desligado daquele povo, ao qual também pertencia a esposa.

Finalmente a mulher silenciou; indagadores, seus olhos observavam Moisés, que nunca lhe parecera tão estranho e distante. O olhar de Zípora anuviou-se e as lágrimas brotaram. Ela inclinou a cabeça e as lágrimas lhe caíram pelo peito, sobre os colares e panos coloridos que colocara para recepcionar Moisés. Este em nada atentava. Mesmo após ter comido a refeição que ela lhe trouxera, Moisés permaneceu silencioso e fechado dentro de si mesmo. E por que não? Todos os homens da tribo agiam de modo semelhante.

Paciente, ela aguardou que Moisés lhe dirigisse a palavra. Depois de ter comido, ele se ergueu, aproximando-se do fogo, ao lado do qual a mulher se acocorara.

— Escuta o que tenho para te dizer.

A mulher levantou-se devagarinho e parou à frente dele, esperando, de cabeça baixa, o que ele tinha a comunicar.

Moisés acomodou-se novamente e indicou um assento a seu lado. Tímida, a mulher se aproximou.

— Zípora, sabes que sou um israelita e que venho da corte do faraó, o opressor, o atormentador de meus compatriotas.

Ela apenas concordou.

— Continuamente tenho meu povo no pensamento; escuto como me alcançam seus lamentos. Vim ter a este lugar para amadurecer e futuramente poder cumprir minha missão.

Zípora continuou a concordar, como se compreendesse; mantinha a cabeça inclinada para ouvir melhor, porém não lhe foi possível entender. Através de seu instinto infalível, percebeu apenas a aversão do marido por tudo o que não se relacionasse diretamente com sua missão. De medo, começou a tremer. Sua natureza simples insurgia-se contra a dor que a martirizava. Para ela as palavras ouvidas tinham apenas um sentido: "Ele vai embora!"

Moisés havia terminado; cheio de expectativa esperou pela reação da mulher. Zípora levantou a cabeça; seus olhos, exprimindo uma dor imensa, fixaram-se nos dele. Moisés, de repente, não viu mais a mulher; eram os olhos de Abdruschin que estavam fixos nele. Retrocedeu de pronto, assustado ao extremo. Seria possível? Não procurara conhecer essa mulher, nem cuidar do amor que ela lhe oferecia. A emoção tomou conta e ele se arrependeu das palavras proferidas. Segurou a mão da mulher. Esta nada disse, apenas seus olhos pousaram no rosto dele, observando a transformação que se operava. Moisés, em seu íntimo, agradecia a Abdruschin, cujo olhar advertidor o alcançara a tempo. Sentia o coração leve e feliz.

— Iremos os dois. Zípora, queres partir comigo?

Em assentimento, ela estendeu-lhe a outra mão...

Pouco depois, duas pessoas enfrentavam a longa peregrinação pelo país. Semanas transcorreram até que alcançassem as fronteiras do reino de Abdruschin; Moisés sentira-se impelido em primeiro lugar para lá. Durante o percurso, instruía a companheira. Deu esclarecimentos a Zípora sobre o país que agora iriam visitar. Ela escutava embevecida; brincando, assimilava tudo. Somente agora despertavam nela qualidades longamente reprimidas; tornou-se loquaz e desembaraçada. Moisés não se cansava de admirá-la.

A alma dele, pode-se dizer, voava sempre adiante. Enquanto falava à esposa sobre Abdruschin, seu coração já se alegrava com a companhia deste. Desmedidamente, avolumava-se em Moisés a saudade de estar em contato com Abdruschin.

"Finalmente!", rejubilava-se ele. "Finalmente posso dar o início." O contentamento assenhoreou-se de tal modo de Moisés, que lhe deixou parecer leves as agruras da longa jornada.

Zípora mal conseguia acompanhar o marido, quando, ao longe, surgiu a parte superior do palácio de Abdruschin. Moisés apressou ainda mais o passo, dando a impressão de estar ainda no início da viagem.

— Moisés! rogou ela. Tão ligeiro não consigo acompanhar-te.

Moisés segurou o passo. Novamente era levado a pensar primeiro na esposa.

Como em sonhos, ele cruzou pelas ruas da cidade, vendo à sua frente, ofuscante devido ao sol, o branco palácio de Abdruschin. Manteve os olhos fixos no prédio, a despeito de os raios solares impedirem a observação exata dos contornos.

Solicitou ingresso ao chegarem ao portal, o qual cruzou empoeirado e com pouca roupa. Zípora andava a seu encalço. Sentia-se acanhada e o coração lhe batia pesada e descompassadamente. A pompa do pátio interno, o colorido mármore do pavimento, as altas colunas que sustentavam a cobertura do átrio, assustavam e tiravam o fôlego daquela mulher de origem inferior e pobre.

Zípora mal se arriscava a observar com maior atenção. À sua frente ia Moisés; notava seus passos rápidos e temia ser deixada só naquele ambiente estranho. A vestimenta dele, que tão gritantemente se destacava das suntuosas vestes dos servos, era para ela o único apoio, o ponto tranquilizador em todo aquele desconhecido que a rodeava.

Aproximaram-se de uma escadaria. Moisés, ali chegando, parou. Zípora ergueu a cabeça, olhou para cima e avistou, no ápice, um vulto com manto branco, a cabeça coberta por um pano branco, drapeado na frente por uma preciosa fivela. A singela mulher estremeceu. "Ele é um deus", pensou, enquanto se deixava cair sobre o pavimento, ocultando o rosto.

Moisés permaneceu parado, com os olhos brilhantes, a contemplar o príncipe que descia.

Os olhos de Abdruschin possuíam a claridade de dois sóis e ofertavam a Moisés luz e calor. Também ele deixou-se cair diante de Abdruschin, até que de leve julgou sentir a mão do príncipe sobre seu cabelo.

— Vem, tu és meu hóspede, Moisés; sê bem-vindo a esta casa. Que aqui seja teu lar!

Moisés murmurou:

— Abdruschin, eu te agradeço por ter podido trilhar o caminho de volta para ti.

— Enganas-te, Moisés, progrediste continuamente, descrevendo um grande círculo, que, iniciando comigo, teria de forçosamente terminar junto a mim.

Moisés olhou para o príncipe, rogando.

— Senhor, gostaria de ouvir mais palavras de esclarecimento, vindas de ti.

Abdruschin assentiu.

— Quem é essa mulher? indagou, indicando para Zípora que permanecia de joelhos.

— Minha esposa, Abdruschin, respondeu Moisés, erguendo-a.

Zípora continuava trêmula e tímida.

Abdruschin tocou-lhe levemente o ombro; ela se arriscou a olhá-lo. Em seu rosto havia pureza infantil e foi com veneração que o encarou.

— Vinde. Acompanhai-me.

Abdruschin começou a subir a escadaria. Moisés e Zípora seguiram-no.

Servos aguardavam no topo. Abdruschin fez-lhes sinal para que se aproximassem mais.

— Guiai meus hóspedes a seus aposentos. Aprontai os banhos e que sejam colocadas vestimentas à disposição.

Depois se dirigiu novamente a Moisés.

— Refrescai-vos e descansai do cansaço da longa viagem. Em algumas horas, o servo à vossa disposição vos acompanhará até mim; faremos então juntos a refeição. Por ora, provai algumas iguarias e frutas que vos serão servidas.

Erguendo a mão, Abdruschin levou-a à testa em saudação, afastando-se em seguida.

Dócil e timidamente, eles seguiram os servos. Ao deparar com o aposento de hóspedes, Zípora deixou escapar um pequeno grito. As preciosidades despertaram também a admiração de Moisés, pois igual nunca vira, nem na corte do faraó.

As banheiras de mármore estavam sendo enchidas de água cristalina. Odores vários, dos sais e essências em diluição, perfumavam o ar. Moisés deixou-se cair sobre um assento macio e fechou os olhos. Um indizível sentimento de bem-estar apossou-se dele. Esquecidos estavam os tempos de privação, ele se entregava inteiramente à sensação agradável que o envolvia.

Bem mais tarde, ele sentava-se em companhia de Abdruschin, envolto em macia e bonita vestimenta, juntamente com a esposa, para a refeição. Extasiados, seus olhos, sequiosos de beleza, percorriam as maravilhosas salvas que apresentavam os manjares mais requintados.

— Abdruschin, és afável demais para comigo; isso me confunde.

— Não és tu meu amigo, Moisés? A quem haveria de dar, senão aos amigos?

— E os demais, onde se encontram?

— Hoje todos se mantêm afastados, já que é o primeiro dia de tua visita. Amanhã os verás e eu te apresentarei a eles.

— Não gozarei tua hospitalidade por muito tempo, Abdruschin, logo terei de partir. A missão impõe-se, agora.

— Bem o sei, Moisés, vi com meus próprios olhos a angústia de Israel. O faraó está morto.

— Juricheo governa? indagou Moisés.

— Não, ainda antes foi posta à margem. Ramsés, o primogênito, é faraó.

— Ramsés! Pobre povo! Ele é mais implacável que o pai!

— Ramsés martiriza o povo de Israel ainda mais do que seu pai.

— E Juricheo?

— Está aqui. É minha hóspede.

Moisés empalideceu de emoção.

— Aqui?

Abdruschin confirmou.

— Mas apenas por pouco tempo. Ela sabia de tua vinda; o vidente, amigo meu, anunciou tua chegada há tempos.

Os olhos de Moisés tomaram uma expressão de súplica. Abdruschin acenou, e um dos criados saiu a cumprir a ordem dada.

Após alguns momentos, Juricheo atendeu ao convite. Moisés erguera-se, indo ao seu encontro. Ao alcançá-la, deixou-se cair de joelhos à frente dela. A filha do faraó permaneceu completamente imóvel. O sofrimento que a havia atingido deu uma aparência rígida ao seu rosto, assemelhando-se a uma máscara sob a qual escondia esse sofrimento. A máscara caía agora, desaparecendo a rigidez. Uma contração nervosa percorreu-lhe as feições. O afrouxamento da tensão interior foi como o irromper de um grito de angústia, após prolongados constrangimentos.

As mãos dela, ainda pequenas como as de uma criança, afagaram de leve o bordado do pano que cobria a cabeça de Moisés. Este levantou-se e acompanhou-a até a mesa.

Zípora havia permanecido sentada e observava, com olhos desmesuradamente abertos, toda a cena. Seu olhar atraiu Juricheo qual um ímã.

— Tua esposa?

Moisés confirmou.

Juricheo sorriu benevolentemente; reconhecera logo o amor que Zípora nutria por seu protegido de outrora.

Abdruschin observava o feliz encontro, lendo a gratidão nos olhos de todos.

Nisso, atrás do assento de Abdruschin, que era um pouco mais alto, uma prega do reposteiro foi aberta, surgindo na fresta uma cabecinha mimosa. O véu, entrelaçado com fios de ouro, mal cobria a negra cabeleira crespa. Moisés deixou escapar uma exclamação de surpresa. Abdruschin olhou para trás.

— Podes vir, Nahome, falou sorrindo, sei que não toleras que te deixem de lado.

Nahome franziu a boca, mas logo seu riso claro ecoou pelo aposento, indo aninhar-se no coração dos hóspedes.

Nahome rapidamente tomou um assento ao lado de Abdruschin, e, com sua loquacidade, soube alegrar ainda mais as fisionomias dos visitantes.

Após a refeição, ela bateu palmas. Um criado saiu apressado e logo soou a batida do gongo.

Os pesados reposteiros da parede fronteira começaram a recolher-se para os lados. Surgiu então um aposento contíguo, que arrancou dos hóspedes palavras de admiração. As paredes eram de pedras reluzentes. Nos cristais lapidados e inseridos em profusão em nichos, dispostos pelas paredes, quebrava-se a luz em milhares de irradiações coloridas que se entrecruzavam pelo aposento inteiro. No meio, havia um pedestal retangular, amplo, porém baixo, tendo, em ambos os lados, recipientes rasos dos quais se evolavam colunas de incenso, a emitir agradáveis fragrâncias. Sobre o pedestal, jazia uma mulher ajoelhada, envolta em pesado e cintilante traje. O rosto trazia encoberto. De algum lugar, soaram delicados acordes musicais. A mulher alçou-se devagar, acompanhando a melodia. O corpo recebia em si os sons, retransmitindo-os modificados aos presentes. Conferia forma e expressão à música que parecia pairar no aposento.

Cada movimento da dançarina manifestava o auge da perfeição naquela arte. Aos espectadores era dado assistir pela primeira vez à corporificação pura e nobre da música, algo que somente uma pessoa desperta espiritualmente pode transmitir.

Moisés inclinou-se para Abdruschin.

— Tua casa comporta apenas o belo e o puro, meu príncipe. Contemplei as dançarinas do templo de Ísis e fiquei fascinado; em confronto com esta, a arte delas empalidece.

Abdruschin sorriu.

— Não considero as dançarinas de Ísis abaixo desta.

— Este elogio elas não merecem!

Abdruschin não respondeu. A dança terminara. A dançarina deixou cair o véu e seu semblante apareceu nítido aos hóspedes.

— Impossível!

Moisés erguera-se de súbito. Nisso o reposteiro fechou-se.

— Mas esta é Ere-Si, a primeira dançarina do templo de Ísis!

— Sim, tu a reconheces? Foi enviada a mim pelo falecido faraó. Veio em companhia de um sacerdote egípcio, que agora é meu constante companheiro nas cavalgadas.

Moisés, em silêncio, olhou o príncipe. Apenas seus olhos refletiam a veneração sem limites. Não indagou sobre os intentos que motivaram o envio pelo faraó do sacerdote e da dançarina; adivinhava-os. Invadiu-o um desmedido temor pela vida de Abdruschin. Gostaria de pedir: "Deixa-me permanecer ao teu lado, zelando por tua segurança!"

A missão dele, entretanto, era outra. Recebera-a do Senhor, pessoalmente!

E quando, no dia seguinte, Moisés ficou frente a frente com os amigos de Abdruschin, suas apreensões deixaram de existir. Observou os rostos aquilinos dos árabes, os olhos escuros que comunicavam coragem e determinação, e ainda o imponente vulto alto do ex-sacerdote egípcio, que, como um guardião, permanecia constantemente ao lado do príncipe. Os olhos claros e transparentes, a fisionomia de traços regulares e nobres, que parecia proceder de uma raça desconhecida, tomaram os últimos receios de Moisés, convencendo-o: "Não serei de maior eficiência do que estes. Dariam, cada qual, a vida por Abdruschin."

Moisés despedia-se de Juricheo. Os olhos desta, seguros e esperançosos, pousaram longamente sobre ele. Moisés segurou-lhe a mão.

— Quero agradecer-te novamente, Juricheo. Sabemos ambos que agora é a nossa despedida, a última neste mundo. Não haverá um reencontro após a separação de hoje!

Juricheo manteve-se imóvel. Uma poderosa energia sustentava-a de pé.

— Sei disso, Moisés. Mesmo assim nunca será uma separação completa. A diferença é que agora não posso auxiliar-te mais, tens ajuda superior. Nunca a esqueças!

Aproximou-se mais um pouco dele, segurando-lhe o braço com a mão:

— Moisés, desejo-te a vitória sobre o Egito! Desejo que consigas libertar Israel! Teu adversário é poderoso, mas teu Deus é muitíssimo mais!

A voz, tão abafada que os sons pareciam um leve sopro, estava carregada de energia, tinha algo que penetrou fundo em Moisés. Após as palavras, ele percebeu nitidamente como uma renovada conscientização se assenhoreava dele em relação à grandeza da missão.

Os votos de Juricheo permaneceram vivos em Moisés. Soavam ainda em seus ouvidos, mesmo quando ele já rumava para o Egito.

Plena de fé e confiança, a esposa conservava-se firme a seu lado.

Moisés, numa última lembrança, levava Abdruschin estampado na retina. O sorriso de despedida do príncipe expressara unicamente alegre esperança. O invencível poder que jazia nesse sorriso era para Moisés o mais belo acompanhante. Confiante ele seguiu para a luta!

Abdruschin indagou a Juricheo:

— Queres permanecer aqui?

Ela ficou olhando para ele. O desejo de dizer "sim" era quase avassalador. No entanto, sacudiu a cabeça.

— Penso que devo voltar, talvez possa ajudá-lo de algum modo.

Abdruschin deixou-a partir. Entristecido, via como ela encetava a viagem de retorno ao Egito, em companhia de cavaleiros dele. A nostalgia apossou-se de sua alma, deixando-o esquecer, por curto tempo, o mundo a seu redor.

Sobreviera-lhe novamente a tão frequente e grande interrogação:

"Por quê?" Uma enorme saudade de alguma coisa que pairava muito acima da Terra invadiu-o. Não notara a aproximação de Nahome que, calada, olhava-o com seus indagantes olhos infantis. A percepção terrena voltou para Abdruschin somente quando uma delicada mão lhe acariciou o braço. O príncipe encarou com bondade a criança a seu lado.

— Estás tão longe daqui, Senhor?

— Sim, Nahome, eu estava longe, longe.

— Senhor, pode acontecer que vás, alguma vez, e não voltes?

— Um dia eu irei, Nahome; igualmente tu e todas as demais pessoas deixarão um dia este mundo. O regresso para cá depende de cada um em particular. Eu não necessito retornar a esta Terra e, mesmo assim, pressinto que voltarei.

O semblante de Abdruschin traduzia aquela expressão meditativa que lhe era inerente, vez que outra. Nahome observava-o.

— Abdruschin, eu te acompanharei quando deixares este mundo e retornarei quando estiveres de volta! Quero estar sempre contigo.

Abdruschin afagou de leve a cabecinha escura.

— Se estiver na vontade de Deus, isto acontecerá, minha pequena!

Nahome estava satisfeita; esqueceu a seriedade da conversa e começou a tagarelar alegremente. Abdruschin acompanhava-a, sorrindo.

Sempre era Nahome que o libertava dos saudosos pensamentos dirigidos aos páramos distantes. Sua infantilidade era tão pura, que conseguia afastar do príncipe a sobrecarga terrena que constantemente o oprimia tal qual um pesadelo.

Em Abdruschin estava viva a apreensão por Moisés. Nahome sabia que Moisés estava diante de grandes feitos. Os diálogos entre ele e Abdruschin tinham calado fundo no espírito de Nahome, que havia recebido assim uma vaga noção da dimensão do perigo.

— Abdruschin, Moisés triunfará contra o faraó, pois esta é tua vontade!

O príncipe foi levado a rir pela enorme confiança que as palavras continham.

— É lógico que ele vencerá, Nahome, Deus assim o quer. No fim, o bem triunfa sempre.

— E mesmo assim te preocupas?

— Sim, por Moisés, receio que a força se desligue dele.

— Mas ele a tem através de ti. Tu a ofertas a ele!

— Eu posso dar-lhe a força, mas ele tem de utilizá-la. Se ele não souber fazer isso, o grande auxílio deixará de alcançá-lo. Não aproveitar a força equivale a rejeitá-la!

Nahome calou-se. Sua cabecinha mostrava o esforço que fazia em compreender aquelas palavras. Finalmente seu rosto iluminou-se de alegria.

— Moisés não vai desiludir-te! exclamou contente por ter encontrado uma saída.

Conseguiu assim fazer com que Abdruschin voltasse a sentir o coração leve e sereno.

Contudo, o príncipe tratou de enviar logo observadores ao Egito, para certificar-se da situação. Impaciente, aguardava que regressassem.

Por entre o povo de Israel começaram a circular rumores sobre um possível auxiliador, um enviado de Jeová. Nas reuniões secretas só se murmurava sobre o assunto. O temor que sentiam dos espiões do faraó fazia com que as pessoas usassem de extrema cautela.

Quem falava nessas reuniões? De quem eram as palavras que os israelitas escutavam? Quem exercia o poder secreto que se estendia sobre todo o povo?

Moisés! Por intermédio de seu irmão mais velho, Aarão, ele prometia ao povo a libertação tão esperada.

Os filhos de Israel, externamente tão decaídos, começaram a alimentar em si a fé dos desesperados. Não haviam esquecido Jeová, Ele ainda vivia dentro de cada um. Aquele povo era tão tenaz, que, mesmo suportando os sofrimentos mais desumanos, ainda trazia esperança em si.

Ninguém tinha visto Moisés até aquele momento. Ansiosos, aguardavam o surgimento do salvador. Aarão, o mais influente entre os israelitas, afiançava pela exatidão do que era anunciado. Sua voz nunca fora tão desenvolta, nem a fala tão insistente como agora. Os pobres escravizados prendiam-se a suas palavras distribuidoras de consolo e estímulo.

A causa cresceu de tal modo, que Ramsés acabou sendo informado.

— Quem, dentre vós, teme esses cães? vociferou ele, indo ao encontro dos espiões delatores.

A resposta foi um simples dar de ombros.

— Mas que temeis, afinal?

Um dos homens armou-se de coragem e deu um passo à frente:

— Tememos um levante, venerável faraó. Aquele povo nunca será completamente subjugado por nós; suportam os piores tratos como se fossem carícias. Escutamos muito a respeito e vimos pessoalmente como reagem.

O faraó, num repente de raiva que o fez espumar, gritou, apontando para o homem:

— Agarrai-o! Que seja jogado à torre da fome! Os abutres terão um magro repasto.

O infeliz foi arrastado para fora.

— Alguém mais acredita na força de Israel?

Não houve resposta.

— Ide agora e sede mais implacáveis que antes! Se aquele povo se atrever a murmurar, isso será prova de vossa fraqueza. Vai ficar à vossa escolha, então, o esquartejamento ou a torre da fome.

Os intimidados homens esgueiraram-se da presença do faraó. Ramsés permaneceu sozinho. Seu semblante estava carregado. Ele conhecia o perigo iminente. Levantou-se de chofre; com passadas largas saiu do aposento, indo em busca de Juricheo.

Esta estremeceu ao vê-lo surgir sem se ter feito anunciar. Ele foi logo se sentando ao lado dela.

— Que desejas, meu irmão?

— Um esclarecimento!

— Podes falar, ouvirei.

Ramsés, com os olhos semicerrados, olhava-a de soslaio.

— Onde está Moisés?

— Não sei!

A expressão dele cobriu-se de astúcia.

— Então vais alegrar-te com a notícia que te trago. Moisés encontra-se aqui, no Egito!

A fisionomia de Juricheo petrificou-se. Músculo algum tremeu, ao retrucar baixinho:

— Então pode ser que ele me visite; alegra-me sabê-lo perto de mim, após tantos anos de ausência.

Irado, o faraó soube esconder sua decepção.

— Logo o terás perto de ti; meus espiões estão no rastro dele, breve cairá em minhas mãos e será executado. Ele é o instigador do povo e levanta as massas contra mim. Seu esconderijo foi descoberto; ainda esta noite mandarei prendê-lo.

O rosto de Juricheo permanecia tão sereno como antes.

— Se ele age contra ti, então ele é passível de punição. Lamento, porém não acredito que Moisés esteja agindo errado.

— Crês, então, que exista um outro…?

A pergunta intempestiva confirmou a Juricheo a incerteza de Ramsés sobre o assunto. A custo, ela conseguiu abafar um sorriso.

— Que temes, Ramsés?

Ele nem se deu conta de que Juricheo formulara a mesma pergunta que ele havia dirigido aos espiões.

— Temo um levante dos israelitas.

Juricheo sorriu enigmática. Suas mãos entretinham-se com um anel que havia tirado do dedo.

— O poder não está contigo?

— Não consigo arrasar esse povo completamente.

— Mas esse seria teu desejo?

— Como os subjugar de outro modo?

Juricheo olhou para o irmão. Seus olhos claros tiveram o poder de fazer surgir, mesmo em Ramsés, algo de confiança.

— Terias mais desse povo, se não lhes apertasses tanto as rédeas. Tomas-lhes toda a força que necessitam para trabalhar em teu proveito. Não podes extrair o restante de energia que o coração desses filhos de Israel ainda comporta. A mesma existe realmente, mas é usada contra ti.

Ramsés encarou Juricheo. Seu rosto estampava tal sofrimento, que ela sentiu piedade.

— Recordas-te de teu juramento?

— É nisso que penso e sabes que preciso cumpri-lo. O juramento feito por um filho junto ao leito de morte do pai prende por toda a eternidade! Um faraó pode ser atingido por uma vingança, até do Além.

Pavorosa será a maldição que o falecido faraó enviará, se lhe perturbarmos seu sagrado descanso tumular. É morte certa e eu quero viver. Governar!

Juricheo lutou contra as velhas tradições, porém a antiquíssima crença, oriunda da cultura egípcia, era mais forte que ela.

— Ramsés, que achas se tentássemos uma aproximação com Moisés, sem lhe ameaçar a vida? Se comprovadamente ele é o instigador, quem sabe, pondo um fim à inimizade existente entre vós, os dois, poderias novamente subjugar o povo de Israel?

Ramsés refletiu demoradamente.

— Não armarei ciladas a Moisés. Ele que venha a mim. Quero falar-lhe.

E tão rápido como viera, levantou-se e deixou Juricheo.

Após a saída dele, ela teve um gesto de alívio e sorriu feliz. Em seguida cobriu o rosto com as mãos e orou fervorosamente.

O medo de que Ramsés tivesse em mira a morte de Moisés fora então fundamentado, tornando-se, por sua intervenção, improcedente.

"Consegui, portanto, ser de alguma ajuda para ti, meu filho."

Denominava-o sempre assim, quando pensava nele.

Moisés continuava a manter-se em lugar incerto. Falavam de um salvador, mas o povo de Israel não o via.

Aarão transmitia as palavras do enviado; anunciava a sua chegada e Israel permanecia à espera.

Nisso as hostilidades por parte do faraó cessaram! Assim como a leve brisa reergue e reaviva as hastes inclinadas de um campo de cereais, assim se aprumaram as costas encurvadas dos filhos de Israel, ao sentirem o leve sopro da liberdade. E bradavam "Moisés! Moisés!", agradecendo ao Altíssimo, pois julgavam que a trégua era obra do enviado.

Moisés, no entanto, persistia na ausência. A expectativa impaciente dos israelitas de avistar o salvador reforçava o poder que Moisés exercia por meio de Aarão.

Este relatava-lhe os progressos feitos. Moisés, repleto de energia, ansiava pelo momento de se pôr, pessoalmente, à testa do movimento. Tenso, ele acompanhava o relato de Aarão.

— Não crês que seja agora o momento aprazado para eu tomar a direção de tudo, Aarão?

A pergunta soara insistente.

Aarão meneou meditativo a cabeça.

— Ainda é muito cedo. Minhas palavras precisam enraizar-se com maior profundidade no coração do povo, para que ninguém consiga destruí-las.

Moisés ergueu-se com decisão firme.

Um pensamento repentino assustara-o, dando-lhe a melhor arma.

— Aarão! Hoje ainda irei ao encontro do faraó. Pedirei a ele que deixe Israel partir.

Ao proferir essas palavras, Moisés estudou minuciosamente as reações do irmão. Nem uma contração se mostrou no rosto de Aarão. Apenas as sobrancelhas arquearam-se de leve, ao passo que as pálpebras, baixando, ocultaram a expressão dos olhos.

— Então, que dizes? insistiu Moisés.

Aarão, em silêncio, deu de ombros.

— Estou certo, portanto, em minhas suposições. Não almejas o mesmo que eu. Tens planos outros que não são os meus e tentas afastar-me de tudo.

Aarão pareceu não entender o sentido das palavras, pois respondeu com um sorriso inofensivo:

— Não profiro eu tuas palavras? Não sou eu teu servo ou auxiliador?

Moisés revidou:

— Sabes manejar as palavras, Aarão, palavras que te auxiliam em qualquer contingência. É pena que são ocas, não possuem um cerne. Não sabes o que é a verdade. Houve uma vez em que soubeste ser verdadeiro e sincero. Sabes quando, Aarão? Ao me expulsares de tua casa. As palavras que usaste foram baixas e injustas, mas provinham de teu íntimo. Havia nelas o desespero que sentias pelo jugo injusto e pesado, e eu senti que se destinavam ao Egito e não a mim, pois eu vos dedico amor. Vim como um estranho entre vós. Se o povo me entendesse, eu não necessitaria de ti! Tu és o único que conheces meus propósitos, és minha voz diante do povo. Advirto-te, Aarão! Deus, que me facultou a força para o triunfo, quer apenas servos sinceros! Dirijo-me hoje ao faraó porque Deus assim o quer. Trilharei o chão que me foi pátria e falarei a pessoas que, por serem de meu meio, entenderão minhas palavras. Naquele ambiente andarias às apalpadelas, qual um cego. A partir de hoje sê meu auxiliar; contigo reparto o campo de luta! Nunca te esqueças, porém, de que somos simples servos de nosso Deus!

Surpreso, Aarão olhava Moisés. Seu orgulho próprio esvaíra-se. As palavras de Moisés arrancavam cruelmente pedaços do manto tecido com falsa humildade e astúcia, e punham à mostra a alma de Aarão. O homem oprimido, que desde a infância aprendera a humilhar-se, que nutria em si somente raiva impotente, deixou transparecer seu verdadeiro espírito. Pela primeira vez, uma palavra de amor solicitara ingresso diante da porta cerrada do coração de Aarão. Dessa vez a costumeira loquacidade não se fez presente.

Um longo silêncio aconteceu; olhos nos olhos, defrontavam-se os dois irmãos.

Sondando, o faraó contemplou Moisés que, orgulhoso e dominador, estava à sua frente. Ao lado, um pouco distante, com a cabeça inclinada para o ombro, encontrava-se Aarão.

— Desejaste uma audiência comigo, Moisés; está concedida. Que desejas? Fala!

— É muito o que tenho a solicitar de ti, ó venerável faraó. Solicito justiça. Não para mim, quero-a para meu povo.

— Teu povo? Desde quando és rei de Israel? Acredito que desse povo seja eu o soberano.

Moisés mordeu os lábios. Demasiado tarde se deu conta do erro cometido. Com uma única palavra ferira a vaidade do faraó. Seu olhar foi em busca de Aarão, que se encolhia em simulada humildade. Deveria optar por atitude semelhante, para alcançar o fim visado? A fé, porém, que tinha no triunfo, agigantou-se, dando-lhe força. Ainda mais orgulhosa tornou-se sua atitude.

— O Senhor de Israel é Jeová, e não tu. Em Seu nome estou aqui, à tua frente, exigindo a liberdade de meu povo.

— Quem é Jeová?

— Nosso Deus, o Eterno!

Ramsés sorriu com desprezo.

— O Eterno? De onde sabeis que Ele é eterno? Viveis tão curto tempo. Como podeis medir Sua existência eterna?

— Cuida-te, Ramsés, o poder Dele é incomensurável, é gigantesco.

— Pensa bem, Moisés, tuas ameaças são dirigidas ao faraó, ao soberano do Egito, senhor da vida de seus súditos! E o qual inclusive pode destruir tua pobre vida com um simples aceno de mão.

Aarão estava trêmulo. Sentia medo. Atrás de um reposteiro estava Juricheo à escuta, sorrindo nervosamente. Apenas Moisés parecia inatingido pela velada ameaça. Renovou sua exigência:

— Deixa o povo de Israel partir!

Silêncio mortal estabeleceu-se no recinto. Após algum tempo a resposta do faraó soou cheia de ameaças, como das profundezas do inferno.

— Iremos lutar, Moisés. Teu Senhor contra mim!

— Será o teu fim, Ramsés. Retira ainda em tempo tuas palavras!

— De livre vontade não abro mão do povo! Luta, se quiseres, escarneceu Ramsés.

Quando ele calou, fez-se novamente um silêncio paralisante. Moisés mantinha a cabeça algo inclinada para a frente, como disposto para o ataque. Seu olhar buscava o do faraó. Este, no entanto, estava sentado imóvel, os olhos quase cerrados.

— Escuta, Ramsés, o que tenho a dizer-te. Extenso é o teu país e rico o teu povo. O vale do Nilo é tão fértil, que nenhum de vós precisaria sofrer penúria e, mesmo assim, escravizas um pobre povo, deixando que caia no infortúnio, com a única finalidade de satisfazer tua ânsia pelas riquezas. De um só golpe isso pode mudar! Com um aceno desta minha mão, pela qual flui a força de meu Deus, de modo intenso, consigo turvar vossas águas, tornando-as pestilentas para homens e animais. Até que cedas, a peste e a morte se instalarão entre vós, ceifando vidas, e isto até o momento em que deixares meu povo partir.

— Tuas palavras são corajosas e podem assustar alguns tolos. Aconselho-te: deixa teus grandes e bobos sonhos; não guardarei rancor pela ousadia de semelhante linguagem perante teu soberano. Retorna a minha corte. Não te darás mal daqui por diante, se primeiro te arrependeres de nos ter deixado. Despacha teu irmão de volta para sua casa; o pobre tolo fanático que nem ao menos consegue acompanhar teus planos. Deixa desse povo, que não te agradecerá o aumento dos trabalhos em virtude de tuas palavras insolentes.

As frases repassadas de escárnio não despertaram irritação em Moisés. Sua voz era serena quando respondeu:

— Eu e meu povo ficaremos na expectativa de teu chamado. Israel aguardou tão longo tempo, que não lhe será difícil esperar pelo teu fim.

Terminando, deu-lhe as costas e, acompanhado por Aarão, abandonou a sala.

Ao mesmo tempo, as águas do Nilo, bem como as demais do país inteiro, começaram a turvar-se, tornando-se lamacentas. Peixes mortos flutuavam à superfície, e do leito dos rios emergiam bolhas que arrebentavam em contato com o ar, propagando cheiros fétidos. Em quantidades avassaladoras os sapos fugiam das margens em direção à terra; disseminavam-se pelos campos de cereais, onde cobriam largos trechos com seus cadáveres. Por toda a parte alastrava-se o cheiro da carne em decomposição.

As pessoas, fora de si de horror, tentavam fugir. Desesperadas, cavavam novos poços para não morrerem de sede. Mas de cada água captada erguiam-se as mesmas emanações pútridas e sulfurosas. Frequentemente já brotavam da terra, aos primeiros cortes de pá. Paulatinamente uma grande devastação tomou conta de tudo. A morte separava homens e mulheres, esvaziava casas repletas, em poucos dias, produzindo lamentos e gritos de dor.

O faraó ordenou que chamassem Moisés.

— Suspende as calamidades. Arruínas meu país.

— Dás liberdade a meu povo?

— Podes ir! Abandonai meu país, mas primeiro põe fim às calamidades.

— Assim seja!

As emanações cessaram; um vento ameno soprou, limpando a atmosfera pestilenta. Nos poços jorrava água limpa, somente os rios mostravam-se ainda contaminados, a clarificação era ali mais demorada.

Novamente Moisés dirigiu-se ao faraó.

— Quando poderemos partir?

A memória de Ramsés evocou a expressão do falecido pai, ao lhe tomar o juramento de oprimir o povo israelita. O compromisso assumido era mais forte, prendia-o com garras de ferro.

— Moisés, quero dar liberdade ao povo, mas não posso. Nem ao menos me é possível suavizar-lhe os sofrimentos. Seria a morte para mim. Eu te darei tesouros, farei de ti um homem rico; o que não posso é abrir mão dos israelitas.

— Saio de tua presença, esperando que voltes a raciocinar.

E Moisés deixou o faraó.

O Nilo transbordou para muito além de seus limites, ficando a terra pantanosa. Revoadas de gafanhotos e insetos transmissores de doenças vieram do norte, pousando nas terras cultivadas do Egito. Novamente houve grande mortandade e ninguém conhecia a causa. Ninguém suspeitava que o faraó, por não dar livre saída aos israelitas, sobrecarregava-se a si e ao país inteiro com as mais terríveis calamidades. Em plena rua, nas casas, ecoavam lamentos. Por todo lado soavam os gemidos da multidão, martirizada. Os gritos chegavam aos muros separatórios dos bairros israelitas. Do outro lado desses, havia paz e sossego pela primeira vez durante anos.

Aqueles redutos pareciam cingidos por uma proteção tão grande, que malefício algum conseguia alcançá-los. Os filhos de Israel estavam reunidos, prontos para juntar os magros haveres e seguir com o enviado, para a terra que ele havia anunciado.

Enquanto as horríveis calamidades se abatiam sobre o Egito, havia uma constante comunicação entre Abdruschin e Moisés. Mensageiros iam de um país a outro, levando a Moisés notícias que lhe eram verdadeiro estímulo. Não fossem os auxílios e o amor de Abdruschin, e Moisés há muito teria escorregado para a piedade frente ao estado lastimável do povo. Ele ainda nutria a opinião de que inocentes sofriam devido à cegueira do faraó. Permanecia agora somente nos bairros israelitas, para que a miséria dos egípcios não tocasse seu coração. Aarão, bem ao contrário, percorria as ruas egípcias e olhava sem abalos íntimos para o sofrimento inaudito daquele povo. A própria existência sofrida embotara-o de tal modo, que nada mais o abalava.

Por esse tempo habitava junto aos egípcios um príncipe rico e independente, que parecia não pertencer a país algum. Ninguém conhecia a origem de sua fortuna; a ninguém era dado saber o que acontecia além dos muros de seu palácio. As pessoas afastavam-se para longe, ao vê-lo passar. Possuíam um temor supersticioso daquele feiticeiro, como o denominavam. Nunca se vira ingressar ali um visitante; o homem parecia viver isolado do mundo e sem amigos.

Raramente esse estranho personagem abandonava a casa. Quando isso acontecia, carregava o encurvado corpo pelas ruas e a longa barba branca a atestar-lhe a idade. Com passos pesados ia se arrastando penosamente, até alcançar uma pequena porta lateral do palácio do faraó. Todas as vezes, esta era logo aberta, possibilitando a entrada do velho. Por entre as mesuras profundas da criadagem, percorria ele os corredores do palácio; dava mostras de conhecer o ambiente como se fosse o de sua própria casa. Por fim, desaparecia dentro de um pequeno recinto, onde era aguardado pelo faraó.

Após horas de debate, emudecia a singular voz estridente do ancião, que se embrenhava pelos aposentos, por mais fechados que fossem. Logo depois, o velho encetava morosamente o caminho de volta. Demorava bastante até que resolvesse aparecer de novo. Seus modos reforçavam cada vez mais a crença de que ele era um poderoso feiticeiro.

Em verdade, "esse ancião" era um homem jovem que, ao estar novamente em sua casa, retirava apressadamente a barba postiça e aprumava o corpo grande e forte. Com um pano afastava as rugas do rosto e entregava-se depois às mãos do criado, que fazia desaparecer os últimos vestígios da velhice.

Envolvido em capa escura, agora deixava novamente a casa. E isso por corredores subterrâneos que estavam sempre a receber melhorias. Estes desembocavam no bairro israelita, precisamente sob a casa que abrigava Moisés. Lá chegando, o homem galgou estreitos degraus e alcançou a peça principal da morada. Também lá era esperado. Moisés ergueu-se logo, com uma exclamação feliz:

— Ebranit! disse ele, respirando com alívio.

O estranho deixou o manto cair. Sob o mesmo ele portava o traje característico dos amigos de Abdruschin.

— Tens notícias do príncipe? indagou a Moisés.

Este estendeu-lhe alguns rolos de pergaminho. Ebranit abrangeu rapidamente o conteúdo.

— Tudo corre conforme o previsto. Não temos motivos para apreensões. Ainda hoje enviarei mensagem a Abdruschin sobre as ocorrências.

— Estiveste com o faraó?

— Venho de lá, agora. Ele planeja horrores! As tentativas que fiz para dissuadi-lo falharam. Vim apenas saber o que tinhas a relatar, logo sairá um mensageiro para alertar Abdruschin.

— Um alerta?

— O faraó pretende mandar assassiná-lo! Também hoje partirão seus asseclas em busca de Abdruschin! Ele desconhece o mistério que rodeia nosso soberano. Presume, porém, a verdade! Querem furtar-lhe o bracelete, para assim desarmá-lo. Ramsés quer reaver, desse modo, seus enormes prejuízos. Subjugando os árabes, espera ter sua compensação.

Moisés estremeceu.

— E este será o preço pela libertação de Israel?

Ebranit deu de ombros.

— A vitória está em nossas mãos. Nada temas, Moisés. O poder está conosco.

— Mas o faraó antes não atendia sempre às tuas palavras? Não eras tu seu conselheiro? Por que não o convenceste? Acaso suspeita de alguma coisa?

— Tivesse eu me empenhado demais por Abdruschin, podia acontecer que ele suspeitasse. Assim, ele continua confiante e informa-me de seus projetos, os quais posso então alterar, impedindo a realização.

Moisés olhou meditativo para Ebranit.

— Teu posto é de muitíssima responsabilidade, Ebranit. Reúnes em tuas mãos os fios informativos de todos os países adversários. Em cada uma dessas nações és o conselheiro do soberano, o qual consegues dirigir conforme tua vontade. Sempre estás presente onde necessitam de ti. Sempre conheces os berços das traições. Como consegues manter-te a par de tudo?

Ebranit sorriu com as palavras de Moisés.

— E tu, como consegues realizar milagres no Egito? Posso indagar assim de ti de idêntica maneira, Moisés. Desde que conheço aquele que hoje é meu amigo e Senhor, passei a dispor dos meios necessários à locomoção rápida e de força para desviar do príncipe tudo quanto é ruim. Da primeira vez que me falaram dele e de seu poder invencível, quis lutar com ele, colocando-me em seu caminho. Fui ao seu encontro, acompanhado de meus guerreiros. Primeiro encontramo-nos com seus mensageiros. O príncipe enviava-nos sua saudação e o convite para sermos seus hóspedes no palácio... eu aceitei. E quando ele veio ao meu encontro, saudando-me com um sorriso... tornei-me seu súdito!

O semblante de Ebranit, durante o curto relato, foi se tornando simpático e benevolente; logo os traços retesaram-se novamente, denotando energia férrea, e, levantando-se rapidamente, disse:

— Passe bem, Moisés; apresso-me para enviar um mensageiro a Abdruschin.

E Ebranit desapareceu rapidamente.

PARLAMENTARES do faraó chegaram à casa de Moisés e levaram-no ao palácio. Calmo, percorreu as ruas em companhia deles. Seu coração soube fechar-se aos horrores com os quais deparava. Crianças com olhos febris estavam abandonadas por todo o canto. Nos bairros opulentos reinava um silêncio de morte.

Anteriormente, à frente dos portões, viam-se servos junto às liteiras em posição de espera, ou correndo em passo cadenciado, levando a preciosa carga rumo aos jardins que margeavam o Nilo. Agora havia apenas silêncio. O medo mantinha os portões fechados. Temiam que as doenças contagiosas fossem inclusive abrigar-se nos palácios.

Os únicos que poderiam tirar proveito da situação eram os médicos, mas também eles se trancavam, assustados com a epidemia horrível, cuja origem lhes era desconhecida e para a qual não conheciam tratamento.

Moisés encontrou o faraó mudado. Havia inquietação nos olhos do soberano. Apavorava-se com o poder demonstrado pelo adversário.

— Moisés! Salva meu povo do aniquilamento certo!

— Serás atendido, se cumprires minhas condições, faraó! Se souberes ceder, Deus recolherá Sua mão, a qual estendeu irado sobre ti e sobre teu país.

— Põe termo primeiro, depois agirei conforme tua vontade.

Moisés olhou para o soberano, sondando.

— Manterás tua palavra?

Ramsés, demasiado fraco, não soube enfrentar com energia a suspeita que a indagação expunha abertamente.

— Sim, sim! respondeu ele com sofreguidão.

— Então agirei como pedes.

E Moisés rogou a Deus para que fizesse cessar essas pragas. Quando as doenças amainaram e as pessoas começaram a recobrar ânimo, Moisés deu ordem de partida. Os filhos de Israel rejubilaram-se. Carregaram os poucos haveres em carroças baixas e seguiram Moisés, que ia à frente, rumo ao portão.

Ao transporem-no, foram recebidos por uma tropa de guerreiros que os obrigou a retroceder.

Em Moisés inflamou-se a ira. A indignação sentida pela quebra de palavra do soberano fê-lo correr ao palácio. Logo estava diante de Ramsés.

— É assim que um soberano mantém a palavra empenhada? gritou ele bem alto.

Os escravos, à espera apenas de um sinal, caíram por cima dele, manietando-o, e depois o largaram aos pés do faraó. Em seguida se retiraram, ficando Ramsés a sós com seu inimigo.

— E agora? indagou este com escárnio.

Moisés arquejava. Com todas as suas forças defendera-se, mas os antagonistas venceram pelo número.

Ramsés esperava por súplicas de clemência, todavia esperou em vão. Som algum passou pelos lábios do prisioneiro.

Então, deu-lhe um pontapé, de modo que Moisés rolou adiante.

— Resolverei ainda o que fazer contigo, disse ele.

Chamou pelos escravos, e incumbiu-os de levar o preso e jogá-lo a um calabouço escuro.

AARÃO ficou bastante tempo à espera, depois resolveu enfrentar os sombrios corredores que levavam à casa de Ebranit.

O príncipe muito se admirou ao ver o estado de agitação em que se encontrava Aarão. Logo pressentiu alguma desgraça.

— Fala, que houve com Moisés?

Aarão deixou-se cair sobre um assento, respirando com dificuldade. Estava completamente exausto da corrida pelas galerias estreitas, de ventilação deficiente.

— Fala, insistiu Ebranit.

— Moisés está ausente por todo o dia. Ele foi ao faraó, pois este impediu nossa saída no último instante, e não retornou.

Ebranit pôs-se de pé e começou a andar de um lado para o outro.

— Podes ir agora, disse ele por fim. Trata de evitar que o fato chegue ao conhecimento do povo, senão este é capaz de perder a coragem. Eu libertarei Moisés, se porventura estiver preso.

Aarão quis agradecer. O príncipe, no entanto, já havia deixado o aposento. Apenas um árabe estava postado junto à porta. Ficou ali até Aarão se retirar.

Pouco depois, Ebranit, disfarçado de ancião, abandonava a casa e, de andar claudicante, caminhava penosamente até o palácio do faraó. Os escravos inclinaram-se reverentemente, quando ele entrou pela portinhola. Alguns correram à frente, para anunciarem a visita ao faraó.

Ramsés estava com ótima disposição e essa visita era bem-vinda. Com lentidão, o ancião entrou com passos incertos no recinto.

— Fui informado sobre a bela presa que fizeste, grande faraó, disse o velho com a voz em falsete.

Ramsés sorriu lisonjeado.

— Como o soubeste?

— Meu soberano sabe muito bem que nada me fica oculto!

E o velho deu suas risadinhas de satisfação. Ramsés confirmou-lhe as palavras com um gesto de cabeça, como se também ele estivesse convencido disso.

— Que farei com ele? Aconselha-me.

— Ordena que o tragam aqui. Primeiro iremos submetê-lo a interrogatório para sabermos quem lhe insufla o poder de agir assim. Precisamos desvendar seu mistério. É quase certo que tem relação com Abdruschin, de quem Moisés é amigo.

Ramsés achou boa a ideia do velho. Ordenou que trouxessem Moisés, amarrado, para cima.

O velho permaneceu de pé; não sentou nem quando o faraó o convidou para tanto.

Nisso veio Moisés. Caminhava de cabeça inclinada e estacou diante de Ramsés. Seu olhar caiu então sobre o velho, que lhe era estranho. Retrocedeu alguns passos ao perceber que o homem vinha para seu lado, olhando-o fixamente.

"Certamente um dos asquerosos feiticeiros a serviço dele", cruzou-lhe pelo pensamento. O velho tossiu um pouco, antes de dirigir-lhe a palavra. Ramsés, aguardando o diálogo, permanecia na expectativa de um entretenimento interessante. Moisés, por sua vez, observou bem o velho. Não o reconheceu, porém.

— Encontras-te finalmente nas mãos de um mais poderoso que o teu tão louvado soberano. Agora tens tempo para meditar sobre o que está para vir, pois desta vez existe para ti apenas uma salvação, se atenderes nossos desejos. Se deixares sem resposta as minhas perguntas, a morte te ceifará antes que possa largar tuas horríveis maldições sobre o país. Com teu desaparecimento, elas não terão efeito sobre nós!

— Enganas-te! Com minha morte tudo se tornará pior do que até agora. Ninguém conseguiria sustê-las, pois eu, que as chamei, não mais estarei presente.

— Queres amedrontar-nos?

Moisés olhou-os com desprezo.

— Vermes, como vós sois, não precisam ser atemorizados, vivem já em constante terror de serem esmagados.

— Proferes palavras atrevidas, Moisés. Isto pode custar-te a vida.

— Mesmo que me matar seja vosso desejo, não vos seria possível a realização. Até ultimar a missão, estou protegido!

— A proteção de que gozas é a mesma que a de Abdruschin?

— É a mesma!

— Mostra-nos, portanto, que és o mais forte, arrebentando tuas amarras!

O velho tossiu novamente. O falar era-lhe dificultoso. Achegou-se a Moisés, como a examinar se as cordas que o prendiam eram suficientemente fortes. Apenas as mãos estavam manietadas. Por segundos algo gelado roçou seu dorso. O velho afastou-se, declarando:

— Indestrutíveis... é impossível arrebentá-las, nem que tivesse a força de dez homens!

Moisés sentiu, após uma tentativa, como as cordas cediam. Levantou as mãos, fingindo um puxão, e as cordas caíram por terra.

Horror impregnou-se nos traços do faraó. Fez menção de ordenar imediatamente que amarrassem Moisés. Ebranit, porém, achegou-se a ele e sussurrou:

— Deixa que se retire, caso contrário fulminará com um simples olhar a ti e a mim.

O rosto de Moisés demonstrou regozijo pelo desfecho inesperado! Hábil, ele ocultou a mão nas dobras da vestimenta, pois esta sangrava levemente. O minúsculo punhal do príncipe arranhara-lhe o dorso da mão.

Dispôs-se a sair. Suas últimas palavras foram de ameaça. Conjurara uma nova calamidade. Os escravos arredaram-se do caminho dele.

Tendo Moisés se retirado, Ramsés pareceu acordar de seu estarrecimento.

— Saiam ao encalço dele, prendam-no! gritava ele fora de si.

Ebranit acalmou-o. Ponderou que, a despeito de tudo, a vitória final estava assegurada. Depois, também ele abandonou o palácio às pressas. Não tinha dúvidas da precariedade de sua situação no Egito, dali por diante. Não lhe passaram despercebidos os respingos de sangue sobre o tapete, onde Moisés estivera parado. Para os astuciosos pensamentos do faraó seria fácil descobrir de onde tinham vindo. Ao notar aquele sangue, logo saberia quem libertara Moisés. E acontecendo isso, ele se recordaria das muitas conspirações malogradas, para as quais Ebranit dera seus conselhos.

Com extrema rapidez, os tesouros que a casa de Ebranit continha foram transportados para as galerias subterrâneas. Os servos carregavam os fardos pelos estreitos corredores que se estendiam num percurso de horas sob a terra, desembocando no deserto, longe de qualquer morada humana... Mais adiante havia um oásis com cavalos e camelos à espera. Um dos servos alcançou-o rapidamente, retornando com os animais.

Sem mais demora, a caravana pôs-se em movimento, rumando em direção a um outro reino.

Ao estar novamente no meio dos seus, Moisés se deu conta do perigo que correra. Longamente conversou com Aarão sobre a melhor maneira de evitarem semelhantes riscos.

— Se eu cair novamente em suas mãos, ele me matará. Seu ódio não conhece limites.

— Nossa salvação depende da aceleração do Juízo sobre o Egito. Roga ao Senhor para que os castigue com maior rapidez.

Moisés retirou-se para seu aposento e orou.

Aarão e a esposa de Moisés, Zípora, permaneceram onde estavam. Ela segurava nos braços um menino, seu primogênito. Estava sentada, pensando medrosamente nos horrores que ele novamente rogava para o Egito.

Moisés orou com um ardor desconhecido. O reconhecimento do perigo que o ameaçara e, desse modo, a todo o povo de Israel, tornou seus rogos mais fervorosos.

E novamente lhe foi dado perceber a voz do Senhor, que disse:

"Meu servo Moisés, o auxílio sobrevirá conforme pediste. Eu castigarei a terra de teus inimigos com rigor maior ainda que antes."

No coração do homem que lutava ingressou uma grande paz. Enquanto ainda estava de joelhos apareceu-lhe o rosto de Abdruschin. Moisés quis rejubilar-se; uma dor imensa, no entanto, não lhe permitiu. Os escuros olhos de Abdruschin pareciam querer comunicar-lhe algo, algo que lhe causava profunda tristeza. Um anseio imenso de correr para Abdruschin fez-se presente. Ele o veria novamente? Moisés já havia se perguntado isso várias vezes, mas nunca com aquele medo no coração. Que seria do mundo, se Abdruschin não mais estivesse nele? Poderia eu ter desencadeado essa luta? De repente, Moisés se deu conta de que era precisamente a presença de Abdruschin que possibilitara o milagre da rápida realização dos acontecimentos. Não sabia explicar com palavras, mas entendera perfeitamente as grandes conexões.

"Meu Deus", orou ele comovido, "foi-me dado ser o instrumento".

A alma de Moisés abriu-se consciente à grandiosidade do momento. Jamais se manifestara nele tamanha humildade como agora, ao ter plena percepção, ao reconhecer! Voltou com o semblante transfigurado para junto dos seus.

Durante a noite a prece foi atendida. Mais horrível do que nunca, o castigo avassalou o país. Dessa vez a peste que se alastrava não poupou ninguém, nem mesmo o gado nos estábulos. Tempestades violentas abateram-se sobre o Egito, destruindo os poucos grãos que restavam nos campos cultivados. O problema da fome era cada vez mais ameaçador. As pessoas começavam a se desesperar.

Nunca acontecera ao Egito desgraça semelhante. Ramsés chamou Moisés a sua presença; este negou-se terminantemente. O faraó notificou-o, então, de que poderia partir com seu povo, logo que a calamidade cessasse.

Moisés não confiava mais na palavra real; mesmo assim rogou a Deus por moderação, pois condoía-se do povo. Este gozou apenas uma semana de trégua e então o horror aumentou outra vez; o faraó não soubera manter a palavra, como sempre.

Moisés percebeu que com clemência nunca atingiria a meta. Golpes sobre golpes choveram sobre o Egito, destruindo tudo. Havia muito que os lamentos tinham cessado; as pessoas retinham o fôlego, aterrorizadas com os infortúnios que viriam a seguir. Escuridão cobria o país, agravando ainda mais o horror da população. Moisés sabia que o fim estava próximo; fazia muito tempo que os egípcios desejavam a partida dos israelitas. Imprecações contra o faraó começavam a ser ouvidas. Os remanescentes, os até o momento poupados pela desgraça, procuravam manter-se a salvo. Não queriam ser atraídos pelo turbilhão devorador de tudo o que estivesse ao alcance.

Pela primeira vez, Moisés em pessoa falou ao seu povo. Foi recebido com júbilo, quando se postou num local mais elevado. Grave era a expressão de sua fisionomia ao impor silêncio com o braço.

As pessoas calaram-se. Cheias de expectativa fitaram-no, à espera. Com os olhos, Moisés percorreu a multidão, antes de começar a falar.

— Finalmente é chegada a hora pela qual tanto tempo esperastes; preparai o cordeiro da Páscoa e celebrai a festa da Páscoa. Eternamente, este dia será a comemoração de vosso êxodo do Egito. Cada qual se dirija a sua casa e participe da ceia em companhia dos seus. Lembrai-vos, nessa ocasião, de vosso Deus que vos aparta de todo sofrimento. Nesta noite, o Senhor exterminará os primogênitos do Egito. Isso significa o término da luta. Seremos expulsos depois desta noite. Mantende-vos atentos e preparados para quando eu vos chamar!

A multidão dispersou-se em silêncio. Dirigiram-se às suas míseras cabanas e fizeram os preparativos para a festa da Páscoa. Logo começou a exalar o cheiro de pão fresco e carne assada. O rosto das pessoas estampava alegria, e a esperança do que estava para vir punha uma cintilação alegre nos mais conturbados olhos.

Apenas Moisés estava mais sério do que nunca. Afinal atingira a meta; a luta chegava a seu término. Agora lhe cumpria sair pelo mundo, que se estendia imenso e aberto à sua frente. Conhecia ele o país? Não, apenas possuía a descrição feita pelos árabes, que ao longo das viagens o tinham percorrido, talvez até lutado com os seus habitantes. E agora ele conduziria um povo inteiro para aquelas terras desconhecidas.

Não era ousar demais? Tomava sobre si a responsabilidade de todo um povo. Anos demandaria a viagem. Anos durante os quais teria de guiar os israelitas pelo desconhecido. Cada decisão errada faria com que os insatisfeitos se insurgissem. Poderiam até desgostar--se da pessoa dele, ao longo do tempo, negando-lhe obediência.

"Senhor! Senhor!", rogou em alta voz, "Permanece comigo até que a missão esteja finda!"

Quando a noite desceu por completo, Moisés foi para seu aposento. Nem notou o olhar entristecido da esposa que o convidara a ficar. Solitário, Moisés sentou-se, olhando fixamente para a escuridão. Oprimia-o um temor desconhecido que chegava a tomar-lhe a respiração. Seus sentidos silenciaram e ele julgou estar num país diferente.

Só com muito esforço ele conseguiu sair do frio, que cada vez mais tomava conta dele, agarrando-se com toda a força. Então desistiu da luta e afundou na inconsciência...

Sozinho e abandonado, peregrinava Moisés por planícies intermináveis. Sentia-se coagido a prosseguir sempre, sempre mais, em direção ao desconhecido. "Aonde me levam os pés? Que meta jaz aí diante de mim? Atrai-me sobremaneira e mesmo assim gostaria de retroceder, para não encontrar o horror que me aguarda." Adiante, sempre adiante, era forçoso que ele caminhasse. Não havia parada, nem descanso, nem retorno!

Começou um tremendo vendaval; o vento ululante impulsionava enormes massas de areia, turbilhonando-as ao redor do caminhante solitário, que tinha de forçar os pés contra o chão para não ser derrubado.

A distância, ele vislumbrou um acampamento, sentindo-se logo induzido a rumar para lá. "Onde já vi semelhantes tendas? Não foi Abdruschin que me deixou entrar em sua tenda? Sim, eis o meu alvo, agora sei aonde devo ir. Devo? Então não é meu desejo? Por que devo ir até Abdruschin? Parece reinar absoluto silêncio no acampamento. Talvez seja noite…" Percorrendo o acampamento, Moisés escutou respirações pesadas por trás dos reposteiros. Irresistivelmente se sentiu impelido a uma tenda, que, silenciosa e solitária, surgia um pouco afastada das demais.

De pernas cruzadas, dois árabes sentados à entrada tinham nas mãos as armas prontas para a defesa. Os olhos deles estavam abertos, mas não viram Moisés caminhar para a tenda. Este estranhou, todavia manteve-se calado. Nisso, sorrateiro, um homem se aproximou do lado da tenda. Qual uma serpente rastejava ele sobre o chão, sem que se ouvisse o menor ruído. Moisés observou-o detidamente. Havia nele absoluta certeza de não poder deter aquele homem. Moisés era simples espectador do acontecimento.

O desconhecido alcançara a tenda. Um ruído fraco e cortante cruzou o ar; com um corte separou a parede da tenda e entrou… Moisés correu para o interior, passando pelos guardas, e viu Abdruschin dormindo em seu leito.

O assaltante inclinava-se sobre o soberano e ouvia-lhe a respiração. A mão do homem foi tateando pelo corpo de Abdruschin como se fosse um animal selvagem em busca de algo… Escutando, o intruso erguia a cabeça de tempo em tempo, mas ruído algum, vindo de fora, alarmava seu ouvido. Moisés foi levado pelo impulso. Arremessou-se sobre o desconhecido para prender-lhe o braço que continuava a busca; no entanto, atingiu apenas ar, não encontrara consistência. Em desespero, começou a chamar o nome do príncipe venerado.

Abdruschin fez leve movimento, como se tivesse escutado a voz que, aterrorizada, procurava despertá-lo. Abriu os olhos e, com estranheza, fitou o rosto do desconhecido. Seus lábios pareceram formular uma pergunta... Com a rapidez de um raio, o estranho pegou na mão o punhal que trazia atravessado na boca e cravou-o violentamente no peito de Abdruschin. O olhar do príncipe teve tempo ainda de se gravar no âmago da alma do assassino. O homem abafou um grito e, tremendo, arrancou o bracelete do braço de sua vítima.

Cambaleante, o assassino ergueu-se da posição primitiva e rastejando escapuliu para fora. Sumiu dentro da noite...

Moisés, desesperado, olhava o corpo inanimado de Abdruschin. Do invólucro morto soltou-se então um segundo corpo. Era Abdruschin que surgia à frente dele, palpável, saudando-o com um sorriso.

"Tu vives?"

O príncipe confirmou com um aceno de cabeça; seu rosto estava mais luminoso que anteriormente. Uma venda caiu dos olhos de Moisés. Reconheceu naquele instante os diversos degraus do desenvolvimento que o homem precisa percorrer para conseguir retornar ao reino espiritual.

Não obstante o reconhecimento, foi assaltado pelo medo, ao ver o vulto de Abdruschin desvanecer-se aos poucos, como neblina.

"Senhor!", gritou ele, rogando, "fica comigo, sem ti não conseguirei libertar Israel!"

"Tu não necessitas mais de mim, Moisés, outros servos estão a teu lado, outros servos de Deus! Tu és senhor sobre todo o enteal* e este subordina-se diretamente a ti, cumprindo tuas ordens no instante em que as proferires!"

Vindas das alturas luminosas que logo acolheram o libertado, vibraram, irreais e no entanto límpidas como o cristal, aquelas palavras até Moisés.

Gritos e lamentos arrancaram Moisés de seu posto de escuta. Ele ainda estava na tenda e não foi sem certo espanto que presenciou os gestos dos árabes, ao depararem com seu soberano morto. Nisso a porta da tenda foi completamente aberta, dando passagem a

---

* Entes da natureza.

uma figura feminina: Nahome! Seu rosto jovem não mostrava abalo algum, nem sombra de sofrimento. Uma grande determinação tomara conta de seu ser. Ela ergueu a mão, apontando a saída. Os árabes inclinaram-se e silenciosos esgueiraram-se para fora.

Nahome ajoelhou-se junto ao morto. Confusos, seus grandes olhos infantis olharam o rosto imóvel do príncipe. De leve, ela pousou a mão sobre o coração do assassinado e percebeu o sangue que embebera a vestimenta.

"Agora estás tão distante que não poderás regressar mais, Senhor! Aonde te procurar? Se eu te seguir, estarás a minha espera, estendendo-me a mão, bondoso… auxiliando-me? Já te encontras junto a teu Pai? Posso seguir-te até a proximidade Dele?"

Nahome retirou da túnica um pequeno frasco lapidado. Ao abri-lo, um odor narcotizante volatilizou-se. Flores estranhas pareceram desabrochar ao redor dela. Meio atordoada, Nahome caiu para trás. Levou o frasco aos lábios, esvaziando-o. Suas mãos ergueram-se em súplica. Ainda uma vez a boca sorriu em toda a sua infantilidade para o mundo. Depois cerrou os olhos, e os lábios silenciaram para toda a eternidade.*

---

* O suicídio de Nahome não se enquadrou na vontade do Altíssimo. Foi um ato de profundo alcance negativo.

Moisés retornou de sua visão, voltando a custo à realidade presente. Não considerou a visão um sonho; tinha plena certeza de que a ocorrência era verdadeira. Seu íntimo mostrava-se calmo e resignado. Assim, ele caminhou confiante pela aurora que despontava. Era ainda bem cedo. O povo de Israel dormia. Percorreu ruas e travessas vazias, rumo à cidade egípcia. Lá a quietude era diversa. Inúmeras pessoas transidas de terror aglomeravam-se defronte às casas. Os rostos maldormidos expressavam um pavor imenso.

Ao avistar Moisés, um murmúrio percorreu a multidão, indo de boca em boca. Por toda a parte as pessoas retrocediam tímidas diante da presença dele... Em outros tempos, o fato teria afetado Moisés, agora ele seguia seu caminho com indiferença. Quanto mais longe ia, maior era a devastação com que deparava. Não havia casa de onde não retirassem cadáveres, e isso sem lamentações. No transcurso das espantosas calamidades, as pessoas haviam desaprendido de chorar. Temiam até que suas lágrimas pudessem atrair maior desgraça ainda.

Pela última vez, Moisés comparecia diante do faraó do Egito. Como já era de hábito, fizera a pergunta e aguardava calmamente a resposta, cujo teor conhecia de antemão.

Ramsés estava completamente prostrado; inclusive seu filho fora arrebatado pela mão vingadora aquela noite. Ele silenciou por longo tempo antes de responder à pergunta de Moisés. Primeiro precisava recobrar o ânimo.

— Vai!

— Darás a teu povo ordem para que nos deixe seguir em paz?

A dor violenta do soberano extravasou em fúria. Ergueu-se de um salto e berrou:

— Deixar seguir em paz? Irei enxotar-vos de meu reino para que finalmente exista paz!

Ao estar entre seu povo, Moisés deu ordem de partida. Logo os filhos de Israel movimentaram-se com suas cargas. Tendo Moisés na vanguarda, estendia-se a interminável leva de gente, sempre perseguida pelas ameaças dos egípcios e sempre acrescida de novos grupos que acorriam de todos os lugares, pois em cada aldeia, em cada cidade, viviam os israelitas perseguidos e odiados desde o início da libertação. Toda raiva, toda revolta da população espezinhada recaía sobre eles. O Egito ansiava por se ver livre de seus antigos escravos, convertidos agora em maldição.

Assim, aquele êxodo impressionante estendeu-se vagarosamente em direção ao Mar Vermelho... Ali chegando, a multidão encontrou seu primeiro e insuperável obstáculo. Moisés ordenou uma parada de descanso. O povo acampou às margens do Mar Vermelho, aguardando as deliberações que viriam a seguir.

A noite sobreveio. Paz e quietude cobriram a natureza e os homens. Muitos, a quem as agruras da caminhada já pareciam excessivas, começaram a reclamar. Por ora, ainda havia frutas à beira dos caminhos, afastando a fome. Entre os emigrantes, porém, existiam indivíduos que prognosticavam para mais adiante inauditos sofrimentos.

Moisés havia notado essas correntes contrárias que já agora, no início da peregrinação, se faziam sentir. Amargura brotou nele. Fora para isso que expusera a própria vida, e agora já o cercavam de desconfiança! Recordou, porém, os numerosos que lhe eram agradecidos e recobrou novo ânimo.

Na manhã seguinte, Moisés convocou o povo para uma devoção ao ar livre. Apresentou a Deus as primeiras oferendas de gratidão. Foi solene essa hora, e as orações de agradecimento que se elevaram repercutiram nos corações das pessoas, facultando-lhes fé e confiança nas decisões do condutor. Todavia, aguardavam com expectativa o caminho pelo qual seriam guiados por Moisés. Seria ao longo do mar?

Enorme poeira aproximava-se, a distância. Moisés foi quem a avistou primeiro e sua intuição infalível fê-lo acelerar os preparativos para a partida. Nisso tomou consciência completa de seu poder sobre a entealidade.

Houve silêncio absoluto, quando ele ergueu o cajado, segurando-o sobre as águas do mar... Uma ventania incrível estabeleceu-se logo. Açoitava, separando os vagalhões para os lados, introduzindo profundos redemoinhos naquela massa compacta. Com a respiração presa, a multidão assistia ao inexplicável acontecimento. Em linha reta, o vendaval formou um corredor pelas águas, fazendo-as retroceder de ambos os lados. Assim, estas transbordaram as margens em outros pontos, porém os seres humanos não viram isso.

Moisés adiantou-se confiante e, como primeiro, colocou o pé no leito do mar. E o povo de Israel seguiu-o, apressado, acotovelando-se, pois todos já tinham avistado a aproximação do inimigo.

Os carros e os cavaleiros do faraó precipitavam-se velozes ao encalço dos israelitas, querendo recuperá-los.

Os filhos de Israel, naquele instante, tomaram verdadeira consciência da liberdade que tinham usufruído quase com indiferença. Comprimiam-se atrás do condutor, mar adentro, rogando a Deus para que não os deixasse cair nas mãos do adversário. Preferiram embrenhar-se por aquele vale imenso, em meio às águas, cujo término a vista não alcançava. Quando o último deles desceu da margem, os egípcios chegaram.

Os animais, porém, estacaram assustados, ao depararem com o espetáculo nunca visto, apresentado pelos elementos. Inutilmente, os cavaleiros açoitavam as montarias; estas insurgiam-se desesperadas, dando pulos desvairados pela margem, de um lado a outro, sem se atreverem a pôr as patas no leito do mar. Nisso chegou o carro do faraó. Os corcéis pareciam voar acima do solo, mal as ferraduras tocavam o chão. Mas também estes ficaram imóveis, alçando violentamente as cabeças para trás, ao alcançarem a margem.

Enquanto isso, o enorme agrupamento de emigrantes tornava-se pequeno, devido à distância. As águas permaneciam separadas, retidas por forças invisíveis, margeando o caminho que levava mar adentro.

O faraó bradava enfurecido, ao notar a rebeldia dos animais em prosseguir. Estavam estes como que paralisados por um encantamento; mantinham-se imóveis, e trêmulos deixavam cair sobre si os açoites dos homens desapiedados.

Assim decorreu um tempo precioso para os perseguidores, estendendo-se por horas. E a água parada!

Em dado momento, afrouxou a tensão nos corpos dos animais; as patas esgravataram a areia. Novamente, os cavaleiros e condutores de carro tentaram fazê-los progredir, e dessa vez os animais atenderam pressurosos ao primeiro golpe. Como que liberta, avançou a tropa no encalço do povo de Israel. A água mantinha-se na mesma situação. Um silêncio de morte cobria o mar... Os egípcios principiaram a rir, o faraó a ter esperanças... Foi quando um sibilar longo e agudo passou por sobre as cabeças dos perseguidores, causando, pelo inusitado do som, verdadeiro pânico. Açoitaram os cavalos com violência; queriam incentivá-los ao máximo... um estrépito passou pelos ares, um ulular envolveu-os e as montarias pararam estáticas. Enquanto um indizível pavor tomava conta daqueles homens, uma ventania medonha e trovejante tomou corpo, transmudando a quietude anterior num inferno estrondante. As águas elevaram-se íngremes em ambos os lados do caminho, mantiveram-se imóveis por segundos, ameaçando aqueles corpos transidos... e abateram-se, cobrindo homens e animais. Os vagalhões espumantes voltaram a unir-se, para sempre.

Na margem oposta, criaturas humanas oravam ajoelhadas, agradecendo a Deus!

Moisés prosseguia constantemente com seu povo. A vontade dele tornava-se cada vez mais firme desde que sentia o apoio dos enteais. Guiava aqueles muitos milhares por um caminho desconhecido de todos e que ele escolhia conforme sua intuição. Moisés, ele mesmo, deixava-se guiar e tinha plena esperança no feliz desfecho de seu empreendimento...

Aarão aproximou-se dele; aconteceu enquanto percorriam o deserto de Sin. Moisés notou, pela expressão do outro, que devia esperar algo desagradável. Impaciente, cortou logo o longo preâmbulo do irmão.

— Por que não dizes diretamente que o povo está insatisfeito? Afinal, esta é a essência de tuas palavras!

Aarão silenciou; maldisse intimamente os modos francos do irmão, os quais pareciam agradar bem mais ao povo do que sua arte oratória. Seu trabalho junto ao povo, propriamente, havia terminado; todavia, ele apreciava manter de pé a aparência de ser imprescindível. Ferira-lhe a vaidade ver como Moisés simplesmente o havia colocado de lado.

— É assim como presumes; o povo reclama. Parece que não te aflige a eventualidade dos filhos de Israel padecerem de fome.

Moisés deixou-se levar pela ira.

— E acaso o povo passa fome? Eu não falei que o alimento virá quando houver necessidade? Não provei ao povo que o auxílio sobrevém? Ocorreu tudo apenas para que no dia seguinte fosse esquecido? Todos os milagres, todos os gestos misericordiosos do Senhor, foram inúteis?

— Verdade é que há dias escasseiam os alimentos, e as pessoas chegam a desejar que estivessem no Egito; lá teriam morrido junto a panelas cheias de carne, aqui será de fome!

Moisés, enojado, retirou-se para longe.

À noite, bandos incontáveis de aves pousaram nas cercanias do acampamento. Exaustas, elas largaram-se por todo lado, deixando-se apanhar facilmente pelas criaturas. O povo saciou a fome. E ficou satisfeito…

Aarão, sentado em companhia dos demais, comia vorazmente como todos. Algo afastado estava Moisés, absorvido em graves cogitações. Seu sofrimento era indescritível.

Não tinha ninguém a seu lado, pessoa alguma o compreendia. Solitário era seu caminho, caminho compartilhado com milhares.

"Senhor!", orou ele, "sacia este povo para que se mantenha bom; que a Tua ordem, de guiá-lo para longe do Egito, não tenha sido executada em vão. Hoje as aves caíram do céu, apaziguando os israelitas. Que será amanhã? De que irão sofrer necessidade?"

Durante a noite caiu algo como se fosse granizo e, quando os filhos de Israel despertaram pela aurora, o chão mostrava-se encoberto por pequenos grãos. A multidão rejubilou-se com o novo milagre e voltaram a apresentar novamente apego e agradecimento à pessoa do condutor. Dali por diante, a cada noite caía o fino granizo, uma espécie de semente trazida de longe pelo vento.

E o povo manteve-se em paz e sossego, pois tinha o que comer. Mas, à menor privação, surgiam descontentamentos que ameaçavam perturbações gerais. Essa certeza abalava Moisés. Indagações despertavam nele sobre o porquê desse povo precisar ser liberto das mãos do inimigo. Um povo sem cultura, sem compreensão, dado apenas à desconfiança, sempre aguardando o pior. Em suas orações indagava a respeito e, ansioso, esperava um esclarecimento.

Moisés isolava-se cada vez mais; procurava uma resposta na solidão, como antigamente, quando guardava os rebanhos. E, semelhante àqueles tempos, ouviu a fala do Senhor que se revelou a ele. Uma irradiação luminosa alcançou-o, ofuscando-lhe os olhos que cobriu com as mãos.

"Meu servo Moisés", falou a voz do Senhor. "Tu duvidas e dás guarida em teu peito a perguntas para as quais não tens respostas. Ainda não estás firme como devias em teu posto. De outro modo, agirias sem vacilar. Se o povo de Israel fosse perfeito, conforme tu o desejas, Eu não te elegeria como seu pastor. Deves amansar e guiar a pastos aprazíveis esta leva bárbara e desordenada, corrompida pela miséria! Essa é tua missão na Terra. É penosa demais, já que te lamentas e te desesperas? Atenta bem ao seguinte: nunca sofreste privações semelhantes; nunca curtiste fome como eles; nunca recebeste açoite, ao invés da compensação justa. Como queres julgar o estado de alma desse povo?

Vai para junto deles e sê bondoso, mostra com incansável perseverança que lhes queres dar amor. Sê para eles o pastor de que tanto necessitam e ensina-lhes o bem! Se duvidares de Israel, estarás duvidando de Mim, que o julgo de valia e digno de amor."

Moisés, comovido, prostrou-se de joelhos ante essa advertência bondosa. Não se atreveu a responder, na expectativa de novas palavras. E a voz do Senhor continuou:

"Clara compreensão deverá fazer parte de ti, e justiça caracterizará cada um de teus atos daqui por diante. Terás Meu auxílio para isso. Darás ao povo de Israel leis pelas quais possa se guiar. Aos fracos será facultado socorro, e esclarecimento aos insensatos, através da Minha Palavra que tu lhes transmitirás.

Mantém-te em silêncio e ora com o povo, preparando-o para receber os Mandamentos que lhe quero dar. Concluirei uma aliança com o povo de Israel; ele será o eleito desta Terra, caso viva conforme Minha vontade. Pelo espaço de três dias devereis velar e tratar de vossa purificação; depois irás ao monte Sinai escutar Minha voz. A permissão de se aproximar de Mim é válida apenas para ti, pois és mais ligado à Luz que as outras criaturas. Adverte o povo para que se mantenha afastado de Mim, permanecendo longe da montanha; nem do sopé devem aproximar-se.

No transcurso desses três dias sê juiz e conselheiro dos israelitas, que assim poderão relatar suas culpas, podendo esperar de ti esclarecimento e justiça. Para cada tipo de questão terás a elucidação necessária em ti próprio, sabendo proporcionar clareza aos indagantes. E agora vai, e age conforme te disse!"

Moisés foi para junto do povo e preparou-o para o grande evento. E Israel compreendeu pela primeira vez que ele se aproximava deles com amor. Confiantes como crianças, colocaram-se em amplo círculo para ouvir suas palavras. Com devoção e fé permitiam que as palavras agissem em suas próprias almas. Com alegria Moisés notou isso e a gratidão sentida por ele desfez a última barreira que ainda o separava do povo.

Por três dias, Moisés implantou justiça no meio das pessoas que o procuravam, querendo purificar-se. Ele, que nunca soubera compreender os israelitas, emitia agora pareceres com íntima convicção e intuição segura. Bondoso qual um pai, ouvia incansavelmente as muitas querelas e autoacusações. Quando após seu pronunciamento, as fisionomias dos aflitos se iluminavam, também a alma dele se tornava mais luminosa e resplandecente. Não houve mais embaraços com os descontentes, as vibrações íntimas seguiam seu rumo mais puras, causando prazer a todos aqueles que, muitas vezes inconscientemente, haviam ansiado por isso.

No terceiro dia, Moisés subiu a montanha do Sinai. A natureza estremecia sob o poder da Luz emanada. A montanha mostrava-se envolta em chamas. O fato era visível apenas a uns poucos agraciados, que transmitiam o avistado ao restante do povo.

Tendo Moisés escalado a montanha até o cume, foi tomado pela nítida impressão de se achar desligado completamente do mundo material. Uma indescritível bem-aventurança apoderou-se dele, fazendo-o sentir-se tão leve, que esqueceu o pesadume da Terra. E o Senhor falou a Moisés e deu-lhe os Mandamentos que deviam pautar a vida dos israelitas até o dia do Juízo Final, para que Deus pudesse erigir naquele povo o reino dos Mil Anos.

Com a mão guiada pela Luz, Moisés gravou em duas lajes de pedra as palavras e os Mandamentos Divinos.

Dez Mandamentos* que em si trazem a salvação da humanidade e que, com sua perfeição, tornam fácil a existência humana, Deus ofertou a seu servo Moisés.

Inclusive proporcionou a este a força interior a fim de extrair deles os ensinamentos, para cuja compreensão os homens ainda não estavam suficientemente maduros para alcançar sozinhos. Esclarecimentos sobre cada palavra, num gesto de amor e cuidado para com aquele povo que não era capaz de abranger a simplicidade grandiosa, assim como era apresentada...

Demoradamente permaneceu Moisés na montanha, gravando os Mandamentos de Deus, bem como a respectiva elucidação.

Aguardando seu regresso, os filhos de Israel haviam se estabelecido num grande acampamento nas proximidades da montanha. A princípio, a alegria imperou, e entusiasmados conversavam sobre o guia. Depois o

---

* Vide o livro: "Os Dez Mandamentos e o Pai Nosso", explicados por Abdruschin.

interesse inicial foi amainado e o tempo pareceu-lhes longo. Acabaram por considerar demorado demais o regresso de Moisés; em consequência, os resmungos de descontentamento voltaram a se fazer ouvir. Aarão não sabia como proceder; não dispunha mais de força para conter aquela gente e as palavras que pronunciava resultavam inúteis. É verdade que não se esforçou a contento, permitindo que a rebeldia tomasse conta.

Contudo, havia no meio do povo um jovem que observava desgostoso o desenrolar dos acontecimentos. Demasiado estranho a Aarão para solicitar-lhe permissão a fim de lutar contra o perigo, ele não se atrevia a agir abertamente. Com discrição, procurava acalmar os exaltados ao redor de si, mas seus argumentos eram insuficientes e a voz de pouco alcance.

Esse jovem, de nome Josué, era o único que acreditava firmemente no retorno de Moisés. Todos os demais haviam desistido de esperar, não mais querendo ouvir de Deus que, conforme alegavam, os esquecera. Insistiam junto a Aarão para que desse curso à peregrinação rumo à terra prometida, onde tratariam de esquecer as agruras passadas.

Aarão desesperado negava-se. Temia os possíveis perigos à espreita no percurso desconhecido de todos. Estivesse Moisés realmente perdido para eles, então pretendia convencer o povo a estabelecer-se definitivamente ali mesmo. Decidido, mandou convocar todos para uma reunião. De toda a parte acorreram pessoas, querendo ouvir a sua palavra. E Aarão falou:

— Escutai minhas palavras, ó irmãos e irmãs, sabereis agora o que decidi. É certo que Moisés não voltará e com ele foi-se nosso Deus. Estamos sozinhos, sem proteção e não podemos deslocar-nos daqui sem o auxílio de algum deus. E este cabe a nós próprios criar e sobre ele erigir nosso poder. Para isso é imprescindível que cada um de vós reconheça em mim o dirigente absoluto! Se concordardes com esta condição, eu vos mostrarei um meio que fará de vós, em pouco tempo, um povo próspero! Quereis respeitar minha supremacia?

A multidão manteve-se quieta. Por minutos houve silêncio total. De repente, um homem postou-se ao lado de Aarão: Josué!

— Irmãos! bradou ele suplicante, não deis crédito às palavras dele. O Deus de nossos antepassados encontra-se sempre presente!

Risadas zombeteiras, primeiro isoladas, depois se alastrando com incrível velocidade, sobrepuseram-se à voz do orador.

Josué, com os braços caídos, resignado, tratou de afastar-se dali. Aarão ria vitorioso.

— Quereis porventura submeter-vos a esse desconhecido? Logo estaríeis desiludidos. Eu vos farei um deus que podereis olhar sempre que tiverdes vontade. Entregai-me vosso ouro e joias; eu fundirei um ídolo para vós. O bezerro de ouro será vosso deus!

Aarão fez com que coletassem todo o ouro e joias possíveis, e a décima parte empregou no preparo do ídolo. O restante guardou para uma época oportuna em que iria fundamentar seu poder externo. Rei de Israel, eis a meta de Aarão. Era agora o mais rico e ansiava por governar. Suas cogitações iam a ponto de querer transformar o povo num bando de salteadores, afeitos ao roubo de caravanas...

O povo adorou o bezerro de ouro; era o símbolo da vontade de todos. Conferidor de poder terreno! Assim queria Aarão.

E NQUANTO Moisés desabrochava em pureza, trabalhando com amor por Israel, verificava-se tal desatino.

E Moisés desceu da montanha...

De longe alcançou-o uma selvagem gritaria, perturbando a quietude da montanha. Inquietação assomou em Moisés. Seu constante zelo pelo povo despertou logo que ele se aproximava. Teria ocorrido algum levante?

Acelerou o passo, efetuando a descida da montanha. Ultrapassava os blocos de rocha do caminho com leveza e segurança.

Ao alcançar o último declive, seu olhar já conseguia abranger o acampamento. Susteve o passo e observou o movimento desordenado. Estaria enganado, ou dançavam, mesmo, os filhos de Israel?

Eram esses os divertimentos, os passatempos, enquanto ele recebia os Mandamentos do Senhor? Lentamente a desilusão tomou conta dele.

Ninguém percebeu o regresso de Moisés. Dançavam frenética e desenfreadamente ao redor do ídolo… até o momento em que uma voz trovejante estremeceu os ares e conjuntamente o povo. De repente, houve um silêncio de morte por todos os lados.

Rubro de ira, postava-se Moisés na elevação onde costumava falar ao povo e da qual agora expulsara Aarão. Trazia as mãos erguidas para o alto e estas seguravam as pedras dos Mandamentos.

— Aqui estão os Mandamentos de meu Deus, ofertados a vós; vejo, porém, que deles não mais precisais. Continuai ao encontro de vossa perdição, eu vos abandono de agora em diante. Deus há de desligar-me de minha missão!

A essas palavras seguiram-se um baque e um estalido. Moisés atirara as pedras sobre um rochedo, quebrando-as. Depois desceu calmamente, cruzou pelo povo que retrocedia medrosamente, e rumou para sua tenda.

Ali deparou com um jovem que chorava. Primeiramente Moisés pensou em expulsá-lo, mas condoeu-se e perguntou:

— Que procuras aqui?

Josué, ao ouvir a voz, ergueu o rosto e deixou escapar um brado alegre dos lábios. Ajoelhou-se diante de Moisés e relatou os acontecimentos havidos...

Silencioso, procurando não interromper, Moisés escutou a narrativa e soube assim que novamente fora Aarão o maior culpado.

Orou a Deus e pediu perdão pelo povo transviado do caminho.

Logo em seguida, apareceram na tenda alguns emissários do povo com o intuito de rogar que ele permanecesse junto a eles. Mesmo Aarão aproximou-se choramingando. Moisés, como melhor solução, empossou Josué em seu lugar, a quem dali por diante considerou como se fosse seu filho.

E Josué apoiou Moisés em sua grande missão. Conjuntamente gravaram de novo os Mandamentos e transmitiram ao povo as elucidações necessárias.

Moisés criou um verdadeiro Estado com leis exatas, cujas transgressões eram severamente punidas. Investiu juízes, aos quais proporcionou a devida instrução. Anos e anos, viveu com o povo pelo deserto, sempre a caminho da terra prometida.

Peregrinavam e muitas vezes permaneciam por longas temporadas nos vales férteis, até que a voz do condutor os incentivasse adiante. O percurso que poderia ter sido feito em tempo bem mais curto foi prolongado por Moisés propositalmente, para adaptar o povo, durante aqueles anos, à severidade das leis. Na solidão era mais fácil manter o predomínio.

Moisés ofertou ao povo de Israel tudo aquilo que ele necessitava para sua ascensão espiritual. O exemplo emanado dele enobreceu os israelitas de tal modo, que, ao avistar as fronteiras de Canaã, Moisés não precisou rogar por prorrogação, ao sentir a morte sobrevindo.

Seu olhar abrangeu ainda uma vez aqueles que, em veneração, lhe rodeavam o leito de morte. Em seguida, deitou sua mão na de Josué e expirou…

AO LEITOR

A Ordem do Graal na Terra é uma entidade criada com a finalidade de difusão, estudo e prática dos elevados princípios da Mensagem do Graal de Abdruschin "NA LUZ DA VERDADE", e congrega as pessoas que se interessam pelo conteúdo das obras que edita. Não se trata, portanto, de uma simples editora de livros.

Se o leitor desejar uma maior aproximação com as pessoas que já pertencem à Ordem do Graal na Terra, em vários pontos do Brasil, poderá dirigir-se aos seguintes endereços:

Por carta
ORDEM DO GRAAL NA TERRA
Rua Sete de Setembro, 29.200 – CEP 06845-000
Embu das Artes – SP – BRASIL
Tel/Fax: (11) 4781-0006

Por e-mail
graal@graal.org.br

Internet
www.graal.org.br

NA LUZ DA VERDADE

Mensagem do Graal

de Abdruschin

Obra editada em três volumes, contém esclarecimentos a respeito da existência do ser humano, mostrando qual o caminho que deve percorrer a fim de encontrar a razão de ser de sua existência e desenvolver todas as suas capacitações.

Seguem-se alguns assuntos contidos nesta obra: O reconhecimento de Deus • O mistério do nascimento • Intuição • A criança • Sexo • Natal • A imaculada concepção e o nascimento do Filho de Deus • Bens terrenos • Espiritismo • O matrimônio • Astrologia • A morte • Aprendizado do ocultismo, alimentação de carne ou alimentação vegetal • Deuses, Olimpo, Valhala • Milagres • O Santo Graal.

vol. 1 ISBN 978-85-7279-026-0 • 256 p.   vol. 2 ISBN 978-85-7279-027-7 • 480 p.
vol. 3 ISBN 978-85-7279-028-4 • 512 p.

ALICERCES DE VIDA
de Abdruschin

"Alicerces de Vida" reúne pensamentos de Abdruschin extraídos da obra "Na Luz da Verdade". O significado da existência é tema que permeia a obra. Esta edição traz a seleção de diversos trechos significativos, reflexões filosóficas apresentando fundamentos interessantes sobre as buscas do ser humano.

Edição de bolso • ISBN 978-85-7279-086-4 • 192 p.

OS DEZ MANDAMENTOS E O PAI NOSSO
Explicados por Abdruschin

Amplo e revelador! Este livro apresenta uma análise profunda dos Mandamentos recebidos por Moisés, mostrando sua verdadeira essência e esclarecendo seus valores perenes.

Ainda neste livro compreende-se toda a grandeza de "O Pai Nosso", legado de Jesus à humanidade. Com os esclarecimentos de Abdruschin, esta oração tão conhecida pode de novo ser sentida plenamente pelos seres humanos.

ISBN 978-85-7279-058-1 • 80 p.
Também em edição de bolso

RESPOSTAS A PERGUNTAS
de Abdruschin

Coletânea de perguntas respondidas por Abdruschin no período de 1924-1937, que esclarecem questões enigmáticas da atualidade: Doações por vaidade • Responsabilidade dos juízes • Frequência às igrejas • Existe uma "providência"? • Que é Verdade? • Morte natural e morte violenta • Milagres de Jesus • Pesquisa do câncer • Ressurreição em carne é possível? • Complexos de inferioridade • Olhos de raios X.

ISBN 85-7279-024-1 • 174 p.

Obras de Roselis von Sass

A DESCONHECIDA BABILÔNIA

A desconhecida Babilônia, de um lado tão encantadora, do outro ameaçada pelo culto de Baal.

Entre nesse cenário e aprecie uma das cidades mais significativas da Antiguidade, conhecida por seus Jardins Suspensos, pela Torre de Babel e por um povo ímpar – os sumerianos – fortes no espírito, grandes na cultura.

ISBN 85-7279-063-2 • 304 p.

A GRANDE PIRÂMIDE REVELA SEU SEGREDO

Revelações surpreendentes sobre o significado dessa Pirâmide, única no gênero. O sarcófago aberto, o construtor da Pirâmide, os sábios da Caldeia, os 40 anos levados na construção, os papiros perdidos, a Esfinge e muito mais… são encontrados em "A Grande Pirâmide Revela seu Segredo".

Uma narrativa cativante que transporta o leitor para uma época longínqua em que predominavam o amor puro, a sabedoria e a alegria.

ISBN 978-85-7279-044-4 • 352 p.

A VERDADE SOBRE OS INCAS

O povo do Sol, do ouro e de surpreendentes obras de arte e arquitetura. Como puderam construir incríveis estradas e mesmo cidades em regiões tão inacessíveis?

Um maravilhoso reino que se estendia da Colômbia ao Chile.

Roselis von Sass revela os detalhes da invasão espanhola e da construção de Machu Picchu, os amplos conhecimentos médicos, os mandamentos de vida dos Incas e muito mais.

ISBN 978-85-7279-053-6 • 288 p.

ÁFRICA E SEUS MISTÉRIOS
"África para os africanos!" é o que um grupo de pessoas de diversas cores e origens buscava pouco tempo após o Congo Belga deixar de ser colônia. Queriam promover a paz e auxiliar seu próximo.

Um romance emocionante e cheio de ação. Deixe os costumes e tradições africanas invadirem o seu imaginário! Surpreenda-se com a sensibilidade da autora ao retratar a alma africana!

ISBN 85-7279-057-8 • 336 p.

ATLÂNTIDA. Princípio e Fim da Grande Tragédia
Atlântida, a enorme ilha de incrível beleza e natureza rica, desapareceu da face da Terra em um dia e uma noite…

Roselis von Sass descreve os últimos 50 anos da história desse maravilhoso país, citado por Platão, e as advertências ao povo para que mudassem para outras regiões.

ISBN 978-85-7279-036-9 • 176 p.

FIOS DO DESTINO DETERMINAM A VIDA HUMANA
Amor, felicidade, inimizades, sofrimentos!… Que mistério fascinante cerca os relacionamentos humanos! Em narrativas surpreendentes a autora mostra como as escolhas presentes são capazes de determinar o futuro. O leitor descobrirá também como novos caminhos podem corrigir falhas do passado, forjando um futuro melhor.

Edição de bolso • ISBN 978-85-7279-092-5 • 304 p.

LEOPOLDINA, uma vida pela Independência
Pouco se fala nos registros históricos sobre a brilhante atuação da primeira imperatriz brasileira na política do país. Roselis von Sass mostra os fatos que antecederam a Independência e culminaram com a emancipação política do Brasil, sob o olhar abrangente de Leopoldina. – Extraído do livro "Revelações Inéditas da História do Brasil".

Edição de bolso • ISBN 978-85-7279-111-3 • 144 p.

O LIVRO DO JUÍZO FINAL

Uma verdadeira enciclopédia do espírito, onde o leitor encontrará um mundo repleto de novos conhecimentos. Profecias, o enigma das doenças e dos sofrimentos, a morte terrena e a vida no Além, a 3ª Mensagem de Fátima, os chamados "deuses" da Antiguidade, o Filho do Homem e muito mais...

ISBN 978-85-7279-049-9 • 384 p.

O NASCIMENTO DA TERRA

Qual a origem da Terra e como se formou?

Roselis von Sass descreve com sensibilidade e riqueza de detalhes o trabalho minucioso e incansável dos seres da natureza na preparação do planeta para a chegada dos seres humanos.

ISBN 85-7279-047-0 • 176 p.

OS PRIMEIROS SERES HUMANOS

Conheça relatos inéditos sobre os primeiros seres humanos que habitaram a Terra e descubra sua origem.

Uma abordagem interessante sobre como surgiram e como eram os berços da humanidade e a condução das diferentes raças.

Roselis von Sass esclarece enigmas... o homem de Neanderthal, o porquê das Eras Glaciais e muito mais...

ISBN 978-85-7279-055-0 • 160 p.

PROFECIAS E OUTRAS REVELAÇÕES

As pressões do mundo atual, aliadas ao desejo de desvendar os mistérios da vida, trazem à tona o interesse pelas profecias. O livro traz revelações sobre a ainda intrigante Terceira Mensagem de Fátima, as transformações do Sol e o Grande Cometa, e mostra que na vida tudo é regido pela lei de causa e efeito e que dentro da matéria nada é eterno! – Extraído de "O Livro do Juízo Final".

Edição de bolso • ISBN 85-7279-088-8 • 176 p.

REVELAÇÕES INÉDITAS DA HISTÓRIA DO BRASIL

Através de um olhar retrospectivo e sensível a autora narra os acontecimentos da época da Independência do Brasil, relatando traços de personalidade e fatos inéditos sobre os principais personagens da nossa História, como a Imperatriz Leopoldina, os irmãos Andrada, Dom Pedro I, Carlota Joaquina, a Marquesa de Santos, Metternich da Áustria e outros…

Descubra ainda a origem dos guaranis e dos tupanos, e os motivos que levaram à escolha de Brasília como capital, ainda antes do Descobrimento do Brasil.

ISBN 978-85-7279-112-0 • 256 p.

SABÁ, o País das Mil Fragrâncias

Feliz Arábia! Feliz Sabá! Sabá de Biltis, a famosa rainha que desperta o interesse de pesquisadores da atualidade. Sabá dos valiosos papiros com os ensinamentos dos antigos "sábios da Caldeia". Da famosa viagem da rainha de Sabá, em visita ao célebre rei judeu, Salomão.

Em uma narrativa atraente e romanceada, a autora traz de volta os perfumes de Sabá, a terra da mirra, do bálsamo e do incenso, o "país do aroma dourado"!

ISBN 85-7279-066-7 • 416 p.

TEMPO DE APRENDIZADO

"Tempo de Aprendizado" traz frases e pequenas narrativas sobre a vida, o cotidiano e o poder do ser humano em determinar seu futuro. Fala sobre a relação do ser humano com o mundo que está ao redor, com seus semelhantes e com a natureza.

Não há receitas para o bem-viver, mas algumas narrativas interessantes e pinceladas de reflexão que convidam a entrar em um novo tempo. Tempo de Aprendizado.

Livro ilustrado • *Capa dura* • ISBN 85-7279-085-3 • 112 p.

Obras de Diversos Autores

A VIDA DE ABDRUSCHIN
Por volta do século XIII a.C., o soberano dos árabes parte em direção aos homens do deserto. Rústicos guerreiros tornam-se pacíficos sob o comando daquele a quem denominam "Príncipe". Na corte do faraó ocorre o previsto encontro entre Abdruschin e Moisés, o libertador do povo israelita.

"A Vida de Abdruschin" é a narrativa da passagem desse "Soberano dos soberanos" pela Terra.

ISBN 85-7279-011-X • 264 p.

A VIDA DE MOISÉS
A narrativa envolvente traz de volta o caminho percorrido por Moisés desde seu nascimento até o cumprimento de sua missão: libertar o povo israelita da escravidão egípcia e transmitir os Mandamentos de Deus.

Com um novo olhar, acompanhe os passos de Moisés em sua busca pela Verdade e liberdade. – Extraído do livro "Aspectos do Antigo Egito".

Edição de bolso • ISBN 978-85-7279-074-1 • 160 p.

ASPECTOS DO ANTIGO EGITO
O Egito ressurge diante dos olhos do leitor trazendo de volta nomes que o mundo não esqueceu – Tutancâmon, Ramsés, Moisés, Akhenaton e Nefertiti.

Reviva a história desses grandes personagens, conhecendo suas conquistas, seus sofrimentos e alegrias, na evolução de seus espíritos.

ISBN 85-7279-076-4 • 288 p.

BUDDHA
Os grandes ensinamentos de Buddha que ficaram perdidos no tempo... O livro traz à tona questões fundamentais sobre a existência do ser humano, o porquê dos sofrimentos, e também esclarece o Nirvana e a reencarnação.

ISBN 85-7279-072-1 • 352 p.

CASSANDRA, a princesa de Troia
Pouco explorada pela história, a atuação de Cassandra, filha de Príamo e Hécuba, reis de Troia, ganha destaque nesta narrativa. Com suas profecias, a jovem alertava constantemente sobre o trágico destino que se aproximava de Troia.

Edição de bolso • ISBN 978-85-7279-113-7 • 240 p.

ÉFESO
A vida na Terra há milhares de anos. A evolução dos seres humanos que, sintonizados com as leis da natureza, eram donos de uma rara sensibilidade, hoje chamada "sexto sentido".

ISBN 85-7279-006-3 • 232 p.

ESPIANDO PELA FRESTA
de Sibélia Zanon, com ilustrações de Fátima Seehagen
"Espiando pela fresta" tem o cotidiano como palco. As 22 frestas do livro têm o olhar curioso para questões que apaixonam ou incomodam. A prosa de Sibélia Zanon busca o poético e, com frequência, mergulha na infância: espaço propício para as descobertas da existência e também território despretensioso, capaz de revelar as verdades complexas da vida adulta.

ISBN 978-85-7279-114-4 • 112 p.

JESUS ENSINA AS LEIS DA CRIAÇÃO
de Roberto C. P. Junior
Em "Jesus Ensina as Leis da Criação", Roberto C. P. Junior discorre sobre a abrangência das parábolas e das leis da Criação de

forma independente e lógica. Com isso, leva o leitor a uma análise desvinculada de dogmas. O livro destaca passagens históricas, sendo ainda enriquecido por citações de teólogos, cientistas e filósofos.

ISBN 85-7279-087-X • 240 p.

JESUS, Fatos Desconhecidos

Independentemente de religião ou misticismo, o legado de Jesus chama a atenção de leigos e estudiosos.

"Jesus, Fatos Desconhecidos" traz dois relatos reais de sua vida que resgatam a verdadeira personalidade e atuação do Mestre, desmistificando dogmas e incompreensões nas interpretações criadas por mãos humanas ao longo da História. – Extraído do livro "Jesus, o Amor de Deus".

Edição de bolso • ISBN 978-85-7279-089-5 • 194 p.

JESUS, o Amor de Deus

Um novo Jesus, desconhecido da humanidade, é desvendado. Sua infância… sua vida marcada por ensinamentos, vivências, sofrimentos… Os caminhos de João Batista também são focados.

"Jesus, o Amor de Deus" – um livro fascinante sobre aquele que veio como Portador da Verdade na Terra!

ISBN 85-7279-064-0 • 400 p.

LAO-TSE

Conheça a trajetória do grande sábio que marcou uma época toda especial na China.

Acompanhe a sua peregrinação pelo país na busca de constante aprendizado, a vida nos antigos mosteiros do Tibete, e sua consagração como superior dos lamas e guia espiritual de toda a China.

ISBN 85-7279-065-9 • 304 p.

MARIA MADALENA

Maria Madalena é personagem que provoca curiosidade, admiração e polêmica!

Símbolo de liderança feminina, essa mulher de rara beleza foi especialmente tocada pelas palavras de João Batista e partiu, então, em busca de uma vida mais profunda.

Maria Madalena foi testemunha da ressurreição de Cristo, sendo a escolhida para dar a notícia aos apóstolos. – Extraído do livro "Os Apóstolos de Jesus".

Edição de bolso • ISBN 978-85-7279-084-0 • 160 p.

NINA E O DEDO ESPETADO - DOMPI
de Sibélia Zanon, com ilustrações de Tátia Tainá

Num dia ensolarado, Nina decide dar uma voltinha pelo jardim. No caminho, ela sente uma espetada. Aaaai!!

Mas Nina não está sozinha. Seu amigo Cabelinho está por perto e a joaninha Julinha vai fazer com que ela se lembre de alguém muito especial.

Literatura Infantojuvenil • ISBN 978-85-7279-136-6 • 36 p.

O DIA SEM AMANHÃ
de Roberto C. P. Junior

Uma viagem pela história, desde a França do século XVII até os nossos dias. Vivências e decisões do passado encontram sua efetivação no presente, dentro da indesviável lei da reciprocidade. A cada parada da viagem, o leitor se depara com novos conhecimentos e informações que lhe permitem compreender, de modo natural, a razão e o processo do aceleramento dos acontecimentos na época atual.

Edição em eBook • *nos formatos e-pub e pdf.*
ISBN 978-85-7279-116-8 • 510 p.

O FILHO DO HOMEM NA TERRA. Profecias sobre sua vinda e missão
de Roberto C. P. Junior

Profecias relacionadas à época do Juízo Final descrevem, com coerência e clareza, a vinda de um emissário de Deus, imbuído da missão de desencadear o Juízo e esclarecer à humanidade, perdida em seus erros, as Leis que governam a Criação.

Por meio de uma pesquisa detalhada, que abrange profecias bíblicas e extrabíblicas, Roberto C. P. Junior aborda fatos relevantes das antigas tradições sobre o Juízo Final e a vinda do Filho do Homem.

Edição de bolso • ISBN 978-85-7279-094-9 • 288 p.

OS APÓSTOLOS DE JESUS

Conheça a grandeza da atuação de Maria Madalena, Paulo, Pedro, João e diversos outros personagens. "Os Apóstolos de Jesus" desvenda a atuação daqueles seres humanos que tiveram o privilégio de conviver com Cristo, dando ao leitor uma imagem inédita e real!

ISBN 85-7279-071-3 • 256 p.

QUEM PROTEGE AS CRIANÇAS?
de Antonio Ricardo Cardoso, com ilustrações de Maria de Fátima Seehagen e Edson J. Gonçalez

Qual o encanto e o mistério que envolve o mundo infantil? Entre versos e ilustrações, o mundo invisível dos guardiões das crianças é revelado, resgatando o conhecimento das antigas tradições que ficaram perdidas no tempo.

Literatura Infantojuvenil • *Capa dura*
ISBN 85-7279-081-0 • 24 p.

REFLEXÕES SOBRE TEMAS BÍBLICOS
de Fernando José Marques

Neste livro, trechos como a missão de Jesus, a virgindade de Maria de Nazaré, Apocalipse, a missão dos Reis Magos, pecados e resgate de culpas são interpretados sob nova dimensão.

Obra singular para os que buscam as conexões perdidas no tempo!

Edição de bolso • ISBN 978-85-7279-078-9 • 176 p.

ZOROASTER

A vida empolgante do profeta iraniano, Zoroaster, o preparador do caminho Daquele que viria, e posteriormente Zorotushtra, o conservador do caminho. Neste livro são narrados de maneira especial suas viagens e os meios empregados para tornar seu saber acessível ao povo.

ISBN 85-7279-083-7 • 288 p.

Correspondência e pedidos

ORDEM DO GRAAL NA TERRA

Rua Sete de Setembro, 29.200 – CEP 06845-000
Embu das Artes – SP – BRASIL
Tel./Fax: (11) 4781-0006
www.graal.org.br
graal@graal.org.br

Impressão e acabamento:
MUNDIAL GRÁFICA LTDA.